Joseph Aschbach

Roswitha und Conrad Celtes

Joseph Aschbach

Roswitha und Conrad Celtes

ISBN/EAN: 9783744681520

Hergestellt in Europa, USA, Kanada, Australien, Japan

Cover: Foto ©ninafisch / pixelio.de

Weitere Bücher finden Sie auf **www.hansebooks.com**

ROSWITHA

UND

CONRAD CELTES

VON

JOSEPH ASCHBACH
WIRKLICHEM MITGLIEDE DER K. AKADEMIE DER WISSENSCHAFTEN

WIEN
AUS DER K. K. HOF- UND STAATSDRUCKEREI

—

IN COMMISSION BEI KARL GEROLD'S SOHN, BUCHHÄNDLER DER KAISERLICHEN AKADEMIE
DER WISSENSCHAFTEN

1867

Aus dem Maihefte des Jahrganges 1867 der Sitzungsberichte der phil.-hist. Classe der kais. Akademie der Wissenschaften [LVI. Bd., S. 3] besonders abgedruckt.

Als eine in ihrer Art einzige Erscheinung auf dem Gebiete der mittelalterlichen Litteratur werden die Werke der sächsischen Nonne Roswitha betrachtet. Man bewundert diese dichterischen Productionen hauptsächlich desshalb, weil sie mitten in einem barbarischen Zeitalter entstanden, keine nachweisbare Wurzel haben und ohne fruchtbringenden und weitern Einfluss auf die nachfolgenden Jahrhunderte verblieben. Wie eine solche isolirte Erscheinung möglich gewesen, liess man unaufgeklärt: ja man machte nicht einmal den Versuch, ein derartiges Problem zu lösen, das jeden kritischen Litterärhistoriker hätte ernstlich beschäftigen sollen. Sonderbarer Weise würdigte man nur einen Theil der interessanten Werke der nähern Beachtung, nicht ihre Gesammtheit. Man sah dabei auch mehr auf das Eigenthümliche der Behandlung, als auf die für die Zeit ungewöhnliche Form und die in den Dichtungen offenbar versteckte Tendenz: überhaupt aber wurde dem Gedanken auch nicht im Entferntesten Raum gegeben, dass man es nicht mit einem echten Werke aus dem zehnten Jahrhunderte zu thun habe. Jeder Zweifel an der Authenticität — wenn er etwa aufstieg — ward sogleich durch die Hinweisung auf den noch vorhandenen alten Codex, dessen Schrift für die ottonische Zeit sprach, beseitigt und niedergeschlagen. Übrigens fand man auch sonst eine Gewähr für die Autorschaft der sächsischen Nonne im Namen des gekrönten Dichters Conrad Celtes

1ª.

und in den Mitgliedern der rheinischen gelehrten Sodalität, welche
die Dichtungen zuerst durch den Druck veröffentlichten: und eine
Reihe von gelehrten Männern in der neuern Zeit, welche sich mit
denselben beschäftigen, stellte sich gewissermassen wie eine fest ge-
schlossene Phalanx schützend und schirmend vor die Werke der
Roswitha, so dass ein Angriff auf ihre Echtheit als ein höchst ge-
wagter Versuch betrachtet werden könnte.

Aus der Form und dem Inhalte der angeblichen Roswitha'schen
Werke, aus den Bestrebungen des Conrad Celtes und manchen Andeutungen in seinen Schriften, aus mehreren bisher ungedruckten
Briefen seiner Freunde sollen die Beweise beigebracht werden, dass
jene poetischen Productionen nicht von der sächsischen Nonne Roswitha im zehnten Jahrhundert, sondern von Celtes und einigen Mitgliedern der rheinischen gelehrten Gesellschaft im Zeitalter des
Humanismus ihre Entstehung erhalten haben.

Der Humanist Conrad Celtes Protucius, der erste Deutsche,
welcher aus kaiserlichen Händen den Dichterlorber empfing, hatte
bereits Italien, das Land der classischen Wissenschaften, besucht;
er hatte Deutschland nach allen Richtungen durchwandert und die
meisten seiner Universitäten kennen gelernt; er war zwei Jahre hindurch in Polen und einige Zeit auch in Ungarn gewesen, als er
in der zweiten Hälfte des Jahres 1490 nach seiner fränkischen Heimath zurückkehrte und vornehmlich in Nürnberg, wo er unter den
angesehenen Bürgern eine Anzahl inniger Freunde und warmer Verehrer fand, einen vorläufigen Aufenthalt nahm. Nach den vielen
Wanderungen und dem langen unsteten Leben gedachte der Dichter
in der alten Reichsstadt, welche ihm so viele Annehmlichkeiten und
Anregungen bot, sich häuslich niederzulassen, und wie vom Mittel-
puncte des deutschen Reiches aus die befruchtenden Strahlen des
Humanismus und der antiken Poesie nach allen Richtungen zu ver-
breiten. Um dieses ins Werk setzen zu können, bedurfte er aber der
materiellen Unterstützung, welche ihm seine Nürnberger Freunde bei
dem Stadtrath verschaffen zu können die Hoffnung hegten, wenn er
sich um die Aufklärung der städtischen Geschichte ein Verdienst er-
worben. Sie regten ihn daher an, über Nürnbergs Ursprung und

weitere Geschichte ein Werk zu schreiben, und es dem Stadtrath zu widmen. Da Celtes auf die Sache einging, so machte er sich schon nach wenigen Monaten an die Arbeit. Zunächst bei dem Ursprunge Nürnbergs musste auf die Legende des hl. Sebaldus, des Stadtpatrons, zurückgegangen werden. Nicht allein in Nürnberg, sondern auch in benachbarten Städten wurde in den Klosterbibliotheken nachgeforscht. In Regensburg, wo er an dem Canonicus Janus Tolophus, einem tüchtigen Mathematiker und Astronomen wie auch nicht unbedeutenden Dichter, einen innigen Freund hatte, hielt er vorzüglich im St. Emmerams-Kloster emsige Nachforschungen nach alten Heiligengeschichten.

Es unterliegt keinem Zweifel, dass bei dieser Gelegenheit Celtes in dem genannten Benedictiner-Kloster das Legendenbuch einer sächsischen Nonne Roswitha [1]) aus Gandersheim entdeckte. Mehr noch als das Alter der Handschrift erregte der Umstand, dass eine Frau, und zwar schon im 10. Jahrhundert, im Zeitalter der Ottonen [2]), als Schriftstellerin aufgetreten war, die Aufmerksamkeit unsers Dichters.

---

[1]) Der Name wird in der angeblichen alten Handschrift *Hrotsuitha*, aber auch einmal Hrotsvit geschrieben und durch *Clamor validus* erklärt. Celtes selbst ist in der Schreibung des Namens sich nicht gleich geblieben: er schreibt Hroswitha, Hrosuitha und Rosuita. Der Sponheimer Abt Johannes Trithemius und andere Freunde des Celtes gebrauchen die Formen Hrosuitha, 'Ροσβιθα, Roswitha, Rosuitha, Rosvida. Bodo hat Rosvita und Rosuita. Ganz willkürlich ist die Behauptung eines Späteren, die Nonne habe eigentlich Helena Rossow geheissen. Über ihre Lebensverhältnisse ist nichts bekannt ausser dem Wenigen, was sie in ihren angeblichen Werken über sich selbst berichtet. Dass sie aus einem s ä c h s i s c h e n Geschlechte gewesen, erfahren wir eigentlich nur aus den von des Celtes Hand herrührenden Überschriften im Codex. Trithemius und Bodo stützen sich offenbar bei ihren Angaben auf diese Beifügungen des Celtes.

[2]) Joh. Trithem. vir. illustr. p. 129: Claruit temporibus Ottonis primi et secundi clariss. Imperatorum a. d. DCCCCLXX und in Chronic. Hirsaug. p. 36. Im Catal. de script. eccl. ed. Fabric. p. 99 n. 391 findet sich die Notiz: Coötanea Johannis Anglici (spätere lectio: Johannae Britannae fuit, quae) fuit, qui doctrina sua papatum meruit, welche Worte Bodo (syntagma Gandersh. in Leibnitz. ser. Brunsv. III. p. 710) wiederholt. Wenn Barack (die Werke der Hrotsvitha) Vorr. S. VII behauptet, Trithemius stütze sich auf die Nachricht Bodo's, so ist das eine irrthümliche Ansicht, indem gerade umgekehrt es der Fall ist, da Trithemius schon

Der Fund, gehörig ausgebeutet, konnte von grosser Wichtigkeit
für die Pläne des Celtes werden. Das Legendenbuch der Roswitha [1])
erhob sich ohne Zweifel nicht viel über das gewöhnliche Niveau
solcher Schriften [2]): aber die darin vorkommenden Notizen über die
Nonne und ihr Kloster, und geschichtliche Nachrichten über Kaiser
Otto den Grossen waren werthvolle Zugaben, aus welchen sich schon
viel machen liess.

Sollte seine Nürnberger städtische Geschichte und sein Reise-
gedicht über die verschiedenen deutschen Länder theils eine Einleitung, theils eine vorläufige Schrift zu der von ihm beabsichtigten Herausgabe einer Germania illustrata bilden, so wollte Celtes auch ein
anderes ebenfalls introducirendes Werk schaffen für den Zweck,
welchen er sich als besondere Lebensaufgabe setzte. Es sollte nämlich der Humanismus in Deutschland verbreitet und Apollo mit den
Musen, als deren Heimath man sonst nur Italien betrachtete, in die
deutschen Gaue eingeführt und heimisch gemacht werden [3]). Dass
deutscher Geist, deutsche Begabung einem derartigen Versuche ent-

---

1494 seine Notiz gab, Bodo aber erst um 1531 schrieb. Übrigens bezieht sich die
Satyre von dem Pontificat der Johanna Papissa nicht wie gewöhnlich irrthümlich
angenommen wird, auf das neunte, sondern auf das zehnte Jahrhundert.

[1]) So schrieb auch die durch ihre Prophezeiungen bekannte Nonne Hildegarde im
12. Jahrhundert einige Legenden in Prosa.

[2]) Celtes hat zu seiner versificirten Vita S. Sebaldi auch eine alte Handschrift als
Grundlage aufgefunden, wie er selbst angibt in dem Carmen:

    Approbas multis tua verba signis,
    Scripta quae libro reperi fideli.

[3]) Celtes zeigt diese Richtung schon im J. 1486, als er seine ars versificandi edirte,
in der schönen sapphischen Ode ad Apollinem, ut ab Italis cum lyra ad Germanos
veniat.

    Phoebe, qui blandae citharae repertor,
    Linque dilectos Heliconque Pindum,
    Et veni nostris vocitatus oris
        Carmine grato.
    Cernis ut laetae properent Camoenae
    Et canant dulces gelido sub axe:
    Tu veni incultam fidibus canoris
        Visere terram.
    Barbarus, quem olim genuit vel acer
    Vel parens hirsutus Latii leporis
    Nescius, nunc sit duce te docendus
        Pangere carmen.

sprächen und wohl gewachsen seien, sollte durch ein Beispiel aus den frühern Jahrhunderten klar gemacht und bewiesen werden. Es war zu zeigen, dass schon in einer Zeit, wo in Italien die classische Sprache und der wahre Sinn für Poesie und die freien Künste verloren gegangen, in dem als ganz barbarisch verschrieenen sächsischen Lande nicht nur bei den gebildeten Männern Wissenschaft und Dichtkunst noch gefunden worden, sondern es auch eine Frau, eine Nonne, gegeben, welche in reiner lateinischen Sprache, mit Kenntniss der Verskunst und dichterischem Schwung, mit tactvoller und philosophischer Bildung Werke zu produciren vermochte, so dass man sie als eine echte Muse in den Kreis ihrer neun Schwestern einzuführen vollständig berechtigt sei. Diesen Vorzug Deutschlands vor Italien seinem Vaterland anzueignen und den dünkelhaften italienischen Humanisten, welche auf die deutschen Leistungen in der lateinischen Sprache und Dichtkunst mit Geringschätzung herabsahen, eine Lehre zu geben, zu diesem Zwecke wollte Celtes, der während seines italienischen Aufenthaltes selbst die Überhebung der römischen Gelehrten kennen gelernt hatte, mit einem Werke hervortreten [1]. Gerade damals, im Anfange des Jahres 1491 hatte Celtes seine humanistischen Freunde am Rheine unter dem Vorsitze des Wormser Bischofs Johann von Dalberg zu einer gelehrten Sodalität vereinigt [2], welche sich zur Aufgabe stellte, die classischen Studien und die Poesie zu fördern. Zunächst sollten ihre Dichtungen eine gemeinsame Richtung unter der Leitung des Celtes erhalten: ihre Productionen sollten als Werke einer sächsi-

---

[1] In der Rede, welche Celtes beim Antritt seiner Professur in Ingolstadt hielt, spricht er von der Parteilichkeit der venetianischen Geschichtschreiber, welche noch im 15. Jahrhundert die Deutschen Barbaren zu nennen pflegten, und von dem tief eingewurzelten Hass zwischen den Italienern und Deutschen: er meint, in der Folge brauchten letztere nicht mehr über die Alpen zu reisen, um in Italien die Poesie und Wissenschaften kennen zu lernen. Vgl. den Schluss der Celtischen Panegyris ad duces Bavariae und die Ingolstädter Universitätsrede (gedr. 31. August 1492).

[2] Am besten hat über die Zeit der Errichtung der Sodalitas Rhenana Klüpfel, vit. et script. C. Celtis I. p. 109 gehandelt. Wiener (de sodalitate Rhenan. Wormat. 1766), Zapf (Leb. Joh. v. Dalberg) und Erhard (Conr. Celtes S. 137) geben für die Errichtung der rhein. Sodalität unrichtig die Zeit an: 1482, 1487 und 1493. Endlicher (Rec. über Klüpfels Werk, Wiener Jahrb. 1829 S. 146) schliesst sich ziemlich der Ansicht Klüpfels an.

schen Nonne aus dem 10. Jahrhundert veröffentlicht und damit
zunächst den Italienern die Spitze geboten werden.

Aber nicht allein als Tendenzschrift gegen die italienische
Überschätzung und Dünkelhaftigkeit fälschte Celtes die Roswitha'schen
Werke, es trieb ihn zu der Sache auch noch ein besonderes persön-
liches Motiv. Er war mit der Nürnberger Patricierfamilie Pirkheimer
auf das innigste befreundet. Willibald Pirkheimer, einer der berühm-
testen Humanisten jener Zeit und namentlich ein tüchtiger Kenner
des Griechischen, war sein Gastfreund und vertrauter Genosse in
allen Studien. Pirkheimers Schwester Charitas, Nonne in dem Nürnberger Clarissinenkloster, von ihrem Bruder und von Celtes für die
alte Literatur und vorzüglich für römische Dichtungen gewonnen,
besass eine für eine Frau ungewöhnliche Bildung: sie verstand die
lateinische Sprache und schrieb mit Zierlichkeit und Correctheit
lateinische Briefe, wie sie in dem lebhaften Briefwechsel mit Celtes
bekundet, für welchen sie auch eine innige Verehrung und schwe-
sterliche Liebe an den Tag legt [1]). Zelotische Cleriker, namentlich die
des Franciscaner-Ordens, dem die Aufsicht über die Nürnberger
Clarissinnen zustand, ohnehin der humanistischen Richtung entgegen,
eiferten gegen den Verkehr der Nonne mit dem Dichter, der so
manche schlüpfrige Poesien geliefert und darin auch die Geistlich-
keit nicht mit Schonung behandelt hatte.

Um der lateinischen Correspondenz zwischen Charitas und Celtes
indirect entgegen zu wirken, so wurde der erstern später überhaupt
das Lateinschreiben untersagt [2]). Celtes wollte nun den Eiferern das
Beispiel einer sächsischen Nonne im 10. Jahrhundert vorführen,
welche ihre lateinischen Dichtungen nicht nur dem Kaiser Otto I.,
sondern auch dem Sohne desselben Wilhelm, Erzbischof von Mainz,

---

[1]) Briefe der Charitas Pirkheimer an Celtes (Cod. epistol. Celt. XII. 12 und 13. fol.
143 fgg.). Endlicher in Hormayr's Archiv XII. 486 gibt einen frühern Brief an den
gekrönten Dichter, worin derselbe von der Nonne aufgefordert wird, seine grossen
Talente der göttlichen Wissenschaft zuzuwenden. Die schöne Ode des Celtes an
die Charitas, welche nicht in dessen Oden-Sammlung vorkommt, rührt aus der
Zeit der Herausgabe der Roswitha. Vgl. Klüpfel, vita Conr. Celtis. II. 45, wo sie
auch abgedruckt ist. (Beilage I. a u. b.)

[2]) Brief des Willibald Pirkheimer an Celtes, d. d. Nürnberg 14. März 1504 im Cod.
epist. Celt. XIV. ep. 6. fol. 155. Ξυλοποδες (i. e. Franciscani) ipsi (Charitati)
inhibuerunt, ne posthac latine scribat.

mitgetheilt und mit Wissen, Zustimmung und Unterstützung ihrer
Äbtissin sich den gelehrten und dichterischen Beschäftigungen gewid-
met hatte. Es sollten die Dichtungen der Roswitha zugleich wie ein
Triumph des weiblichen Geschlechtes anzusehen sein, das von dem
Talent und der Möglichkeit der Erwerbung ausgezeichneter Kennt-
nisse nicht ausgeschlossen sei, sondern ebenso gut wie begabte
Männer auf geistigem Gebiete zu glänzen wohl vermöge [1]).

Die im Legendenbuch der Roswitha vorkommenden Stücke
wurden zur poetischen Bearbeitung unter eine Anzahl Humanisten
vertheilt, welche Celtes unter dem Siegel des tiefsten Geheimnisses
in das Vorhaben gezogen und zur Übernahme der Sache bereit
gefunden hatte. Einige Legenden sollten in heroischem, andere in
elegischem Versmasse behandelt, ein anderer Theil nach dem Muster
des Terenz und Plautus dramatisirt werden. Celtes selbst behielt sich
die Behandlung mehrerer Legenden vor, und zwar sowohl in dich-
terischer Form, als auch für die Dramatisirung in Prosa.

Schon im Jahre 1494, als Celtes bereits Professor der Rhetorik
und Poesie an der Ingolstädter Universität war, hatte er die dichterischen Bearbeitungen der rheinischen Sodalität in einer Sammlung
vereinigt. Doch vergingen noch sieben Jahre (also im Ganzen ein
Decennium nach der Auffindung des Legendenbuches) ehe die Productionen der rheinischen Sodales zum Druck gelangten. Es geschah
dieses erst in der Zeit, als Celtes in Wien für die Verbreitung des
Humanismus an der Universität gewirkt und durch die Errichtung
der gelehrten Donaugesellschaft in der genannten Richtung grosse
Erfolge erzielt hatte. Dann entschloss er sich endlich, die dichterische
Sammlung als Werke der sächsischen Nonne zu Nürnberg im Jahre
1501 durch den Druck zu veröffentlichen. Er versah sie mit einer an
den sächsischen Kurfürsten Friedrich, seinen Gönner, gerichteten
Vorrede: liess die auf die sächsische Nonne, als deutsche Sappho
und zehnte Muse, gedichteten Epigramme von 14 Mitgliedern der

[1] Vorrede des Celtes zur Roswitha. wo eben auf die zeitgenössische gelehrte Charitas Pirkheimer hingewiesen wird.

rheinischen Sodalität folgen, lieferte dann die Werke selbst ¹) und
zwar:

1. Sechs Comödien in ungebundener Rede;
2. Acht Legenden, theils im heroischen, theils im elegischen
Versmasse und endlich
3. Ein Lobgedicht in Hexametern auf Kaiser Otto den Grossen.
Besprechen wir einen jeden Theil des Buches besonders und
heben wir die Eigenthümlichkeiten der einzelnen Stücke näher
hervor.

Die Vorrede des Celtes, welche bisher von denen, welche sich
mit den Werken der Roswitha beschäftigten, wenig oder nicht beach-
tet worden ist, gibt mehrere Winke und Aufschlüsse über das Ver-
hältniss des gekrönten Dichters zu den von ihm herausgegebenen
poetischen Productionen. Es kommen in der Präfatio offenbare Ent-
stellungen des Sachverhaltes vor, es finden sich darin auffallende
Reticenzen und ein sichtbares Abmühen, um darzulegen und glaublich
zu machen, dass eine solche ausserordentliche, ja wundervolle Erscheinung auf dem Gebiete der mittelalterlichen Litteratur Deutschlands möglich gewesen.

Celtes gibt in seiner Vorrede, welche 1501 geschrieben ist, an:
er habe v o r n i c h t l a n g e r Z e i t (nuper) in einem Benedictiner-
kloster einen alten Codex mit den Werken der sächsischen Nonne

---

¹) Der Titel des in Folio erschienenen Buches lautet vollständig: Opera Hrosuite illustris virginis et monialis germane, gente Saxonica orte, nuper a Conrado Celte
inventa. Am Schluss steht: Finis operum Hrosuite clarissime virginis et monialis
germanice, gente Saxonica orte. Impressum Norunberge sub privilegio sodalitatis
Celtice a senatu Romani imperii impetrate (statt impetrato) et quingentesimo primo supra millesimum. Es ist kein Drucker genannt: der Druckort wird am Schlusse
der Vorrede angegeben: ex Norimberga Augusta Praetoria. Acht Holzschnitte sind
dem Werke beigefügt. Einen ziemlich incorrecten Abdruck der seltenen editio
princeps, welche Maugerard, Esprit des Journaux. Avril 1788. p. 237 fgg. genau
beschreibt, hat H. L. Schurzfleisch, Wittenberg. 1707. 4. geliefert. Obschon ein-
zelne Theile der Sammlung später besonders herausgegeben worden, so ist doch
erst in unsern Tagen eine kritische Gesammtausgabe erschienen von K. A. Barack, die Werke der Hrotsvitha. Nürnb. 1858. 8. Es fehlen jedoch in dieser Ausgabe die Vorrede des Celtes, die Argumenta der Legenden und die Epigramme
der rheinischen Sodales auf die Roswitha.

Roswitha gefunden [1]). Wir können aber aus einigen Briefen seiner Freunde an ihn entnehmen, dass er schon seit 1492 mit der Roswitha beschäftigt war, und bereits im Anfange des Jahres 1494 eine Roswitha'sche Handschrift in Händen hatte. Dass dieselbe dem Benedictiner-Kloster St. Emmeram in Regensburg, was Celtes ganz verschweigt, gehörte, darüber liegt uns ein unverdächtiges Document vor, welches erst in unserem Jahrhunderte durch den Druck veröffentlicht worden ist [2]).

Ferner erfahren wir aus einem Schreiben des Sponheimer Abtes Johann Trithemius vom 11. April 1495, dass er den von Celtes ihm mitgetheilten Codex der Roswitha noch nicht ganz abgeschrieben: er habe aber mit dem Magister Amorbach (einem namhaften Drucker) gesprochen, der bereit sei, alle Dichter (also die Dichtungen verschiedener Verfasser) zu drucken [3]).

Dass dem Johann Trithemius aber eine Handschrift schon spätestens im Jahre 1494 vorgelegen habe mit den Stücken, welche von Celtes im Jahre 1501 veröffentlicht wurden, lässt sich daraus mit aller Sicherheit entnehmen, dass er in seinem Verzeichniss der Scriptores ecclesiastici, welches er mit dem Jahre 1494 schliesst und auch noch in demselben Jahre in Druck herausgibt, die meisten

—— — ——— - - —.

[1]) Seine Worte sind: Accessit mira mihi quaedam historiarum Germanicarum vicinarumque nobis nationum cupido: ut si quos invenissem de regibus et imperatoribus nostris codices, aut illorum dare gesta aut dicta ab externis vel nostratiis litteris mandata, illos in lucem ederem, aut ad illustratam nostram Germaniam, quae in manibus est, insererem. Cum itaque *nuper ejus gratia* peregre profectus fuissem forteque in coenobium ordin. sct. Benedicti successissem, reperi vetustissimum, litera ferme gothica et mulieris manu *conscriptum codicem sub titulo et inscriptione virginis et monialis germanae gente Saxonica (!).* Quo continebantur ea quae in fronte et indice hujus voluminis continentur.

[2]) Bei Klüpfel l. c. II. p. 78, Barack a. a. O. S. LVI. Von beiden aber nicht ganz genau gegeben. Vgl. unten das Nähere darüber.

[3]) Der Brief des Joh. Trithemius, welcher bis jetzt noch nicht gedruckt war, befindet sich in der handschriftlichen Sammlung von Briefen der Freunde des Celtes an ihn: Cod. epistolaris Celticus, lib. V. ep 4. fol. 43. Rosvidam necdum rescripsi: locutus sum cum magistro Amorbachio, qui propediem ad vos venturus est, *ut poëtas omnes imprimat.* Johann Amorbach lebte damals in Basel: er stand mit Reuchlin in mehrfachem Verkehr. Vgl. Erhard, Joh. Reuchlin, S. 247.

Stücke der Roswitha, welche in der Celtischen Ausgabe vom Jahre
1501 vorkommen, namentlich aufführt [1]).

Celtes gesteht in der Vorrede ein (offenbar um nahe liegenden
Verdachtsgründen an der Echtheit zu begegnen), es habe bei ihm
Staunen und Überraschung erregt, als er gelesen, wie eine deutsche
Frau im zehnten Jahrhundert so correct Latein und mit solcher
Kunst der Versification sich ausgedrückt, auch habe er über die
alterthümliche Sprache und die mancherlei Kenntnisse der Nonne
in den Wissenschaften und schönen Künsten sich höchlich verwun-
dert; jedoch solle, meint Celtes, man bedenken, nicht allein unter
den Männern, sondern auch unter den Frauen könnte es ausgezeich-
nete, ungewöhnlich begabte Geister geben. Die sächsische Nonne, die
als „nostra Cymbrica mulier" bezeichnet wird, findet er zwar
als eine höchst seltene Erscheinung in Deutschland, aber doch nicht
ganz ohne Beispiel. Er weist auf seine eigenen Zeitgenossinen hin:
auf die Friesin Anna oder Agnula, eine Dichterin wie auch eine im
bürgerlichen und kirchlichen Rechte und in der Philosophie sehr
gelehrte Frau [2]) und dann auf die Nürnberger Clarissinen-Nonne
Charitas, die Schwester seines berühmten Freundes und Humanisten
Willibald Pirkheimer, welche in der Fertigkeit des Gebrauchs der
lateinischen Sprache und im gewandten Briefstil ausgezeichnet sei.

Nach der Vorrede lässt Celtes die Epigramme von 14 Mitgliedern
der rheinischen Sodalität auf die Nonne Roswitha als die zehnte Muse
und deutsche Sappho folgen [3]). Unter diesen Epigrammen ist auch

---

[1]) Trithem. de script. eccl. ed. Fabric. p. 99. Rosvida nobilis mulier in Saxonia nata
   in Gandeshemensi coenobio — sanctimonialis miro ingenio et doctrina claruit et
   in utroque scribendi genere admirabilis, ad virgines enim sacratas castitatem et
   continentiam hortando latino conscripsit:
      Comoedias sex,
      De gestis Oddonum panegyricum versu hexametro,
      In laudes beatae virginis elegiaco et hexametrico versu,
      Item passionem S. Dionysii carmine elegiaco
      Item de S. Gangolfo et aliis sanctis.

[2]) Sie war die Schwester des Jacob Canter, Magisters und gekrönten Dichters, der zu
   Krumau (curva insula) in Mähren lebte und in Briefwechsel mit Celtes stand (Cod.
   epist. Celt. lib. II. ep. 11. p. 16. III. 2. p. 18. VII. 30. p. 84. VIII. 1. p. 87).
   Jacob Canter sagt von seinem Vater Johannes Canter. Doctor der freien Künste
   und der Rechte, zu Gröningen in Friesland: filios filiasque omnes litteras docuit.

[3]) S. Beilage II.

eines von Celtes selbst. Es ist diese Glorification der sächsischen Nonne von Seite der deutschen Humanisten, die wohl wussten, dass hier unter den Namen Roswitha die durch Celtes in Deutschland eingeführte Dichtkunst nach dem Muster der alten römischen Poeten gemeint sei, nichts anderes als ein Hymnus auf des Celtes Verdienste um die Verbreitung des Humanismus. Es entspricht ganz und gar der Art und Weise, wie der gekrönte deutsche Dichter vieles andere in seinen poetischen Productionen allegorisirte. Es ist auffallend, dass in der neuesten kritischen Ausgabe der Werke der Roswitha von Barack des Celtes Vorrede wie auch die Epigramme der rheinischen Sodales nicht abgedruckt sind, und dadurch ein wesentlicher Punct, der bei der Untersuchung über die Echtheit in Frage kommt, der Kritik entzogen wird.

Betrachten wir nun die von Celtes unter den Namen der Roswitha edirten Werke näher, so finden wir, dass sie im Grunde alle historischer Art sind: sie gehören mit Ausnahme des Panegyricus auf Kaiser Otto I. sämmtlich der Heiligengeschichte an. Nur ist ihre dichterische Behandlung eine ungleiche, zum Theil eine dramatische, zum Theil eine epische. Darnach ist die Eintheilung in zwei Büchern getroffen, wovon das erstere sechs Comödien in Prosa, das andere acht Legenden in heroischen Versen (nur eine im elegischen Versmass) umfasst [1]). Celtes scheint anfänglich die Absicht gehabt zu haben, die versificirten Dichtungen als erstes Buch vorauszuschicken, und als zweites die Comödien folgen zu lassen — diese Ordnung ist auch in dem angeblichen alten Codex beobachtet — aber beim Drucke umstellte er die Bücher und so finden sich die Comödien an der Spitze.

Jedem Buche wird eine Praefatio Hrosvithae vorausgeschickt: dem ersten ausserdem noch ihre Epistola ad quosdam sapientes hujus libri fautores. Sprechen wir von der Praefatio der Comödien, da sie im Druck zuerst mitgetheilt wird [2]), zunächst.

---

[1]) Joh. Trithem. scriptt. eccl. l. c. macht über das Versmass der Legenden die unrichtige Angabe: In laudes beatae Virginis elegiaco et hexametrico versu, Item passionem S. Dionysii Carmine elegiaco, Item de S. Gangolfo et aliis sanctis: nur das Leben des hl. Gangolf ist im elegischen Versmass, alle übrigen Legenden sind in Hexametern geschrieben.

[2]) Nur mit den zwei Worten Hrosvithae Praefatio: im Codex lautet die Überschrift von der Hand des Celtes: Hrosvithae, illustris mulieris germanae, gente Saxonica ortae, in sex Comoedias suas praefatio feliciter incipit.

Roswitha, welche hier ohne weitere Nachricht von ihrem Stand und Leben zu geben, ihren Namen mit *Clamor validus* Gandeshamensis mittheilt, entschuldigt ihr Beginnen, dass sie, ungeachtet ihrer schwachen Geistesgaben und Kenntnisse als Frau mit der ihr anhaftenden Unvollkommenheit und Gebrechlichkeit, in Terentianischer Sprache Thorheiten, Verirrungen und Laster vorgeführt habe; ihr Zweck aber wäre dabei gewesen, die Triumphe der Tugend keuscher Jungfrauen und gottesfürchtiger Personen und die Überwindung des Lasters durch deren Frömmigkeit zu feiern. Sie bittet in grösster Bescheidenheit um nachsichtige Beurtheilung ihrer Versuche und der in der Sprache vorkommenden Fehler. Sie schliesst mit der Bemerkung, dass, obschon sie in ihren andern Werkchen im heroischen Versmasse geschrieben, sie sich bei den dramatischen Stücken der gebundenen Rede enthalten habe. (Beilage III. a.)

Finden wir schon in dieser Praefatio eine für die damalige Zeit höchst gewählte Ausdrucksweise und einen Grad von geistiger Bildung, wie er kaum bei den gelehrtesten Männern jener Zeit vorkommt, so ist dieses noch mehr der Fall in der darauf folgenden Epistola, worin Hrotsvith (so nennt sie sich hier) einigen Weisen und Gönnern ihr Werk zur nachsichtigen Beurtheilung vorlegt. Hier weht ein Geist, der bei einem Dedicationsschreiben des fünfzehnten Jahrhunderts den Zeitverhältnissen angemessener wäre als dem Zeitalter der Ottonen. (Beilage III. b.)

Besprechen wir nun die einzelnen Comödien, von welchen eine jede mit einem Argumentum versehen ist, das in der Sprache einen andern Autor verräth, als das Stück selbst hat. Die Argumenta kommen aber in dem angeblichen alten Manuscript vor und sind demnach mit den Comödien gleichzeitig von einer Hand geschrieben [1]).

Den sechs geistlichen Lustspielen [2]) liegen sämmtlich alte Legenden zu Grunde; sie sind nur dramatisch bearbeitet und besonders desshalb merkwürdig, weil sie durch eine gewählte Sprache wie auch durch

---

[1]) Barack S. XXXII. „Die einzelnen Dramen haben Argumente, deren Authenticität durch den Münchner Codex dargethan ist. Klüpfel, der diesen nicht sah, hält auch sie, wie die Argumente der Legenden irrigerweise für das Werk des Celtes."

[2]) Über dieselben ausser Benedixen, (Comödiae Hrotsuitae. Lübeck 1838. 16⁰) und Barack a. a. O., Hofmann de Roswithae vita et scriptis. Vratisl. 1839. Freytag de Rosuitha poëtria. Vratisl. 1839. Magnin, Théâtre de Rosvitha, Paris 1845 Vignon de Rétif de la Bretonne, poësies lat. de Hosvithc. Par. 1854.

Schärfe in der Entwicklung der Gedanken sich auszeichnen, und weil, wenn sie echt wären, die Anfänge der dramatischen Dichtkunst in Deutschland um ein halbes Jahrtausend früher gesetzt werden müssten, als gegenwärtig angenommen wird. Selbst die Vertheidiger der Echtheit der Roswitha'schen Werke räumen ein, dass die Comödien das Gepräge der classischen Studien an sich tragen. Auch gesteht man nach den von der Hand des Celtes im Codex herrührenden Überschriften zu, dass der Name *Comoediae*, wie die einzelnen Benennungen der Stücke, nicht von der Roswitha selbst, sondern von dem Herausgeber den geistlichen Dramen beigelegt worden seien.

Die erste Comödie, Gallicanus benannt, bringt in zwei Acten nach alten Legenden die Bekehrung eines römischen Feldherrn und seinen Märtyrertod durch den abtrünnigen Kaiser Julianus, und das gleiche Ende der beiden kaiserlichen Beamten Johannes und Paulus zur Darstellung [1].

Das zweite geistliche Drama, Dulcitius, ebenfalls einer alten Legende entlehnt, behandelt das Märtyrerthum der drei christlichen Jungfrauen Agape, Chionia und Irene in der Zeit des Kaisers Diocletianus. Die Brutalität und Sinnlichkeit des kaiserlichen Statthalters Dulcitius spielt gegenüber der weiblichen Tugend und christlichen Standhaftigkeit die schmählichste und lächerlichste Rolle und erleidet die vollständigste Niederlage. Nicht ohne Geschick ist das Komische hervorgehoben, und es liegt nahe, dass die Behandlung auch die scenische Aufführung des Stücks berücksichtigt habe [2].

Das dritte Stück, Calimachus betitelt, welches grosse Ähnlichkeit mit Romeo und Julia darbietet und nach einer alten Legende [3] die Auferweckung des gestorbenen Liebespaares Callimachus und Drusiana auf Fürbitten des heil. Johannes darstellt, tritt dem neuern Liebesdrama ziemlich nahe; es entbehrt nicht sentimentaler Züge, leidenschaftlicher Gefühle, einer grossen Lebendigkeit und schwunghaften Sprache.

Die drei Stücke Gallicanus, Dulcitius und Calimachus sind im Ganzen in demselben Geist gehalten, so dass sie wohl von einem

---

[1] Acta Sanctorum 24. Juni. Tom. V. p. 35. und 25. Juni ibid. p. 158.

[2] Vgl. Magnin und Benedixen in ihren Ausgaben der Roswith. Comödien.

[3] Codd. apocryph. Nov. Test. II. p. 542. ed. Fabric.

und demselben Verfasser herrühren könnten. Anders verhält es sich
mit den folgenden.

Die vierte Comödie, **Abraham** genannt, hat mit der fünften,
welche die Aufschrift **Paphnutius** führt, im ganzen einen ähnlichen
Inhalt: es handelt sich in beiden Stücken um die in Legenden [1] er-
zählte Bekehrung von öffentlichen Frauenspersonen zur Tugend durch
die Vorstellungen und Ermahnungen frommer Einsiedler, welche sich
nicht scheuten, um das verdienstliche Werk zu vollführen, ihre
Einsamkeit verlassend, sich in öffentliche Frauenhäuser zu bege-
ben. In beiden Comödien zeigt sich eine glückliche Erfindungsgabe
und tiefe Menschenkenntniss: ausführliche Charakterschilderungen
kommen vor, welche den Beweis liefern, dass von dem Verfasser die edlen Beweggründe, welche zur aufopfernden Liebe
führen, wie auch die Stimmungen der im Laster Versunkenen wohl
erwogen wurden. Man muss erstaunen über die Kühnheit, die
Autorschaft der beiden Stücke, die so schlüpfrige Situationen schil-
dern, einer keuschen und dem argen Welttreiben fremden Nonne
zuzuschreiben, um so mehr, als in einer dieser Comödien (im Paphnutius) zugleich ein nicht gewöhnliches philosophisches Wissen
und eine Summe von mannigfaltigen Kenntnissen sich niedergelegt
findet. Auch enthält der metaphysische Dialog zwischen Paphnutius
und seinen Schülern Anklänge, welche wenig auf das zehnte Jahrhundert, sondern vielmehr auf ein späteres scholastisches Zeitalter
passen.

Die sechste und letzte Comödie, welche *Sapientia* überschrieben
ist, schildert den Kampf und Sieg der christlichen Mutter Sapientia
mit ihren drei Töchtern Fides, Spes und Charitas über die heidnische
Thorheit, die im Kaiser Hadrian personificirt wird. Eine merkwürdige
Beigabe zu dem Stücke bildet die fein ausgedachte Zahlentheorie,
welche Sapientia vor Hadrian entwickelt. Es ist wenig glaublich,
dass eine sächsische Nonne im 10. Jahrhundert mit solchen schwie-
rigen Dingen sich beschäftigt habe. In der Legende [2]), welche dem
Stücke zu Grunde liegt, kommt die Sache nicht vor.

Die versificirten Heiligengeschichten bilden das zweite Buch
(nach dem Codex das erste).

---

[1]) Act. SS. Martii T. I. p. 443. Oct. T. VI. p. 223.

[2]) Act. SS. August. T. I. p. 16.

Sie tragen an ihrer Spitze die Aufschrift Hrotsvithae Praefatio, welche aber im Manuscript von der Hand des Celtes umschrieben ist: Hrosvithae illustris mulieris Germanae, gente Saxonica ortae, in opera sua, carmine conscripto Praefatio feliciter incipit.

In dem nicht ohne Geschick geschriebenen Vorworte spricht die angebliche Verfasserin mit grosser Bescheidenheit von ihren geringen Leistungen, welche sie der nachsichtigen Beurtheilung und gütigen Verbesserung der Leser vorlegt. Sie gibt an, dass sie selbst ihrer Unvollkommenheit in der Metrik und im Lateinschreiben sich bewusst sei, und äussert die Befürchtung, dass sie zu ihren poetischen Erzählungen nicht immer die echtesten und zuverlässigsten Quellen beigezogen habe. Was ihr selbst an vollständiger Bildung abgegangen, dafür hofft sie einen Ersatz gegeben zu haben durch Einreihung von Stellen aus Schriften, welche in ihrem Kloster Gandersheim gesammelt worden. Auch hätte die Leitung ihrer Lehrerin Riccardis und die gütige Führung der gelehrten Äbtissin Gerberga, aus königlichem Geschlechte, weitere Mängel beseitigt. Aber dass sie im Stande gewesen ihre Gedichte in dactylischen Versen zu schreiben, verdanke sie nicht sowohl ihrem geringen Talente, als vielmehr dem göttlichem Beistande, der sie geleitet. Der Praefatio folgt sodann in zwölf elegischen Versen (mit leoninischen Reimen) die Dedication an die Äbtissin Gerberga ohne Überschrift [1]).

Die Argumenta, welche im Drucke den Legenden vorausgeschickt werden, stehen nicht im Codex. Sie sind nicht ganz genau, indem sie häufig mit den Legenden nicht vollständig übereinstimmen.

An der Spitze der Heiligengeschichten steht die in 903 leoninischen Versen besungene Maria oder „Historia nativitatis laudabilisque conversationis intactae Dei genitricis, quam scriptam repperi sub nomine sancti Jacobi, fratris Domini" [2]). Es ist das umfangreichste Stück, in drei Abtheilungen, welche in der Sprache sich nicht ganz gleich sind, so dass sie von verschiedenen Verfassern geschrieben sein könnten.

Das zweite Gedicht der Sammlung hat die Überschrift: „De ascensione domini. Hanc narrationem Johannes Episcopus a Graeco-

---

[1]) Von der Hand des Celtes ist im Codex beigeschrieben: Ad Gerbergam abbatissam in Gaudesheim, Ottonis Imperatoris neptem.

[2]) Nach dem Protevangelium Jacobi in Cod. Apocryph. nov. Test. T. I. p. 40.

nia in latinum transtulit" [1]): es hat nur 150 leoninische Verse, wovon
die vier letzten die bescheidene Bitte der Hrotsvitha enthalten ihre
geringe Dichtung mit Nachsicht aufzunehmen.

Es folgt dann eine im elegischen Versmasse gedichtete Legende
„Passio sancti Gongolfi Martyris" [2]) in 291 leoninischen Distichen.
Das Gedicht zeichnet sich aus durch die gewandte Versification,
gute und gewählte Sprache und schöne Naturschilderungen [3]). Die
Charakterzeichnung von dem verworfenen Weibe des burgundischen
Prinzen Gongolf zeugt von Talent und Menschenkenntniss, ent-
spricht aber wenig der Gedankenwelt einer frommen in Zurückge-
zogenheit lebenden Nonne.

Das vierte Gedicht trägt die Überschrift: „Passio sancti Pelagii
pretiosissimi martyris, qui nostris temporibus in Corduba martyrio est
coronatus" [4]). Eine kurze Praefatio in 11 Hexametern wird vorausgeschickt; es folgt dann das Gedicht in 403 leoninischen Versen. Es
enthält lebendige Schilderungen und zeichnet sich durch eine gute
Anordnung aus. Merkwürdig ist es durch seinen Inhalt. Dass einen
so anstössigen Stoff, welcher von einem Cordubenser Bürger der
Nonne mündlich erzählt wurde [5]), diese in einem Gedichte bearbei-

---

[1]) Der Bischof Johannes beschrieb die Himmelfahrt nach dem Evangelium und der Apo-
stelgeschichte.

[2]) Damit ist zu vgl. die Legende in den Act. SS. Mai. T. II. p. 642.

[3]) Pass. s. Gongolfi v. 89 : Contigit et, ducente via. se pergere juxta
    Cujusdam septa pauperis opposita,
  Quis latuit pictum vernanti flore locellum,
    Tectum multiplicis germinis atque comis.
  Nec non fonticulus, vitreo candore serenus,
    Profluxit rivo, rura rigans, stridulo.
  Hic ubi praeclavus senior deduxit ocellos,
    Perlustrans liquidam fonticuli scatebram,
  Frigoreae captus lymphae paulisper amore,
    Substitit et placitis tardat iter morulis,
  Et mittens puerum, venisse, rogabat, ad illum
    Dominum florigeri ipsius ergo loci.

[4]) Die Passio Scti. Pelagii von Raguel ist bei Florez, Espan. Sagrad. T. XXIII abgedruckt.

[5]) Die Notiz der Roswitha zwischen dem ersten und zweiten Buch, worin vorkommt :
[Passio S. Pelagii] cujus scenem Martini (im Celtesschen Drucke : cujus seriem
martyrii) quidam ejusdem in qua passus ist, indigena civitatis mihi exposuit, qui
ipsum pulcherrimum virorum se vidisse et exitum rei attestatus est veraciter agnovisse.

tet hat, muss jedenfalls in hohem Grade auffallen. Der mohameda-
nische König, der in Cordova herrschte, hatte von einem siegreichen
Zuge gegen die Christen in Galizien deren König als Gefangenen zu-
rückgebracht. Für dessen Auslösung, die nicht vollständig geleistet
werden konnte, stellte sich der jugendliche Sohn Pelagius als Geissel.
Die Schönheit desselben reizte die Sinnlichkeit des Chalifen, der
alles aufbot den Knaben zu verführen, und als ihm dieses nicht
gelang, ihn in grausamer Weise ermorden liess.

Die sechste Legende mit der Überschrift: Lapsus et conversio
Theophili Vicedomini, behandelt in 455 heroischen Versen die Geschichte eines cilicischen Archidiaconus, der aus verletztem Ehrgeize
mit Hülfe eines jüdischen Zauberers sich dem Teufel verschreibt, damit
ihm dieser wieder sein verlorenes Amt verschafft. Bald aber von Reue
ergriffen, wendet sich Theophil um Hülfe an die heilige Jungfrau,
durch deren Fürbitte er wieder Gottes Gnade erlangt und eines
seligen Todes stirbt [1]). Man findet in dieser Dichtung, welche im
Mittelalter in manchfacher Weise behandelt worden, die Grundlage
zur Faustsage.

Dem Haupttheile der fünf Heiligengeschichten folgen gewissermassen als Beigabe drei weitere Legenden, welche in der kleinen
Dedication (von 6 Hexametern) an die Äbtissin Gerberga als versi-
culi novelli bezeichnet werden. Es sind diese drei Gedichte betitelt:
Conversio cujusdam juvenis desperati per S. Basilium episcopum in
265 Hexametern, Passio S. Dionysii egregii martyris in solchen
266 Versen, und Agnes: incipit passio sanctae Agnetis virginis et
martyris in 459 Hexametern. Die erste Geschichte ist ebenfalls eine
Teufelsverschreibung, welche durch den Bischof Basilius von Cäsarea
zu nichte gemacht wird; die zweite erzählt die Geschichte des ersten
Bischofs von Athen, womit dessen Reisen nach Ägypten und seine
Studien in der Astronomie, endlich seine Wanderung nach Gallien
und sein Märtyrerthum daselbst verflochten wird [2]).

---

[1]) Welche Legende dabei zu Grunde lag, ist unbekannt. Theophilus soll um 835 ge-
lebt haben. Eutychianus, der Freund des Theophilus, schrieb die Geschichte in grie-
chischer Sprache auf; die lateinische Übersetzung geben die Acta SS. Febr. I. 480.
Vgl. Barack a. a. O. Vorr. S. XXVI.

[2]) Zum Theil nach der Legende in den Act. SS. Oct. 9.

Das dritte Gedicht Agnes [1]), welches den Schluss der Legenden
macht, schildert die verschiedenen Martern, welche Agnes erleiden
musste, da sie, ihr Leben Christus widmend, den Sohn des römischen
Statthalters Simpronius zum Gemahle zu nehmen beharrlich zurück-
wies. Besonders lebhaft ist die Scene geschildert, als Agnes ent-
kleidet von den plötzlich bis zu den Füssen gewachsenen Haaren
ihres Hauptes wie mit einem Schleier umhüllt ist und dann ein Engel
erscheint, der sie mit einem weissen Gewande umgibt. Endlich,
nachdem selbst das Feuer sie nicht schädigen kann, enthauptet, wird
sie von Engelschaaren begleitet zu ihrem himmlischen Bräutigam
emporgehoben.

Im Drucke der von Celtes herausgegebenen Werke der Roswitha [2]) folgt nach den Legenden ein Carmen (oder Panegyricus) de
gestis Oddonis I Imperatoris in 912 leoninischen Versen [3]), welches
aber offenbar bedeutende Lücken zeigt, wornach zu schliessen wäre,
dass ein grosser Theil des Gedichts verloren gegangen (an 700 Verse).
Roswitha schrieb nach ihrer Angabe in der Vorrede die Schrift auf
den Wunsch der Äbtissin Gerberga, der Nichte Otto des Grossen,
und zwar nicht nach schriftlichen Aufzeichnungen, sondern nach
mündlichen Erzählungen von Zeitgenossen [4]).

---

[1]) Vgl. Acta SS. Jan. II. p. 351. Jul. T. II. p. 228.

[2]) Joh. Trithem. im Chronic. Hirsaug. I. p. 113 gibt die Roswitha'schen Schriften ge-
nauer und vollständiger an als im Catalog. scriptt. eccles. Es sind vollständig die von
Celtes im Druck herausgegebenen. Er fügt die Bemerkung zu den Legenden: Omnia praesignata eleganti carmine composuit. Scripsit praeterea comoedias sex,
stylo imitatu Terentium etc. Scripsit etiam metrice gesta Magni Ottonis Imp. I.
lib. 1. Diversorum aliquorum carminum et epigrammaton lib. 1. Epistolas etiam
quasdam non inelegantes. Reliqua ejus opuscula in manus nostras non venerunt.
Unter den Epistolae und Epigrammata versteht Trithemius ohne Zweifel die Praefa-
tiones und Eingänge zu den Legenden und Comödien.

[3]) Vgl. Contzen, Geschichtschr. d. sächs. Kaiserz. Regensb. 1837. S. 109 flg. Pertz
Mon. T. IV. p. 317 flg. Barack S. XLV. Giesebrecht, Gesch. der Kaiserzeit I. 741
Wattenbach, deutsche Geschichtsquellen. S. 171.

[4]) Im Codex finden sich noch zwei kleinere Gedichte, welche Celtes nicht hat ab-
drucken lassen, welche ihm aber bekannt sein mussten. Das eine Gedicht ist eine
poetische Spielerei in 4 Distichen (theilweise mit Endreimen) mit der Überschrift:
Quicunque viam cupit ire salutis; das andere enthält 35 leoninische Verse und beschreibt ein apokalyptisches Gedicht auf den hl. Johannes.

Ein Carmen de primordiis coenobii Gandersheimensis von der Nonne Roswitha in 600 leoninischen Versen, ohne Praefatio und ohne Dedication, enthält die

Einem mit den lateinischen Dichtungen des Mittelalters vertrauten Leser der Werke, welche der Nonne Roswitha zugeschrieben
werden, wird nicht entgehen, wenn er ohne vorgefasste Meinung auf
ihren Inhalt, ihre Form und den sie durchdringenden Geist sieht,
dass wir hier nicht eine Production des zehnten Jahrhunderts vor uns
haben; dass kaum Jemand in jener Zeit, am wenigsten aber eine
Klosterfrau solche Fertigkeit in ziemlich correctem Lateinschreiben
und in der lateinischen Versification besessen; dass nicht leicht Jemand
damals eine derartige Belesenheit in den alten Classikern gehabt und
über so mannichfaltige Kenntnisse in verschiedenen Zweigen der
Wissenschaften zu gebieten im Stande gewesen. Dazu kommt, dass
der Geist, der diese Werke durchweht, durchgehends ein männlicher
und sehr gebildeter ist, trotz aller Versicherungen, die in den Vorreden gegeben sind, von weiblicher Schwäche und Unvollkommenheit, von Mangel an Selbständigkeit und wissenschaftlichen Kenntnissen.

Verweilen wir bei einigen der vorzüglichsten Momente, welche
besonders hier nicht übersehen werden dürfen, näher und sehen wir
dabei auf Analoges im 15. Jahrhundert.

Die Latinität des zehnten Jahrhunderts war in der Wirklichkeit
eine barbarische und ungelenke, in unsern Dichtungen ist sie eine
ziemlich correcte und gewandte, welche der im fünfzehnten Jahrhunderte bei den besten Schriftstellern vorkommenden entspricht [1]).

Geschichte des Klosters Gandersheim unter den ersten Äbtissinen desselben bis
zum J. 919. In den Versen 87 und 88 in dem Carmen beruft sich die Nonne auf
den Panegyricus de gestis Oddonis, wo sie von dessen Kaiserregierung spräche:
  Hace igitur modici demonstrat pagina libri
  Plnnius, e causis rerum *quem scripsimus* harum.
Henricus Bodo, Mönch des Benedictiner Klosters Clusium, der um *1531* ein
Syntagma eccles. Gandesianae schrieb, erwähnt zuerst dieses Gedichtes. Vgl. Leibnitz script. rer. Brunsvic. III. p. 702 und Fabric. Bibl. II. p. 834. Zuerst gedruckt
von Leuckfeld, Antiq. Gandeshem. 1709. 4. Dieser behauptet, eine Abschrift aus dem
15. Jahrh. in Händen gehabt zu haben. Die Originalhandschrift soll im 13. Jahrh.
ins Deutsche übersetzt worden und dann in Verlust gerathen sein. Leibnitz gab
in den Scriptt. Brunsv. II. 1710 p. 319 ff. und Harenberg in der Histor. Eccl.
Gandersh. 1734. p. 469, Pertz in den Mon. h. Germ. T. IV. p. 306. einen revidirten
Text: auch Barack in den Opp. Hrotsvithae hat das Carmen p. 339 flg. aufgenommen.

[1]) Über die Sprache in den Roswitha'schen Werken und ihre Eigenthümlichkeiten
handelt Barack a. a. O. S. XLIX. Auch Grimm in den lat. Dichtungen des X. und

Die Versification, wie sie sich in den lateinischen Gedichten des
zehnten und elften Jahrhunderts vorfindet [1]), mit den leoninischen
Hexametern und Pentametern ist ziemlich unvollkommen: es sind
schwache Anläufe zu dem, was in einer gewissen Vollendung in den
Roswitha'schen Gedichten geboten wird [2]). Auf diesen Grad der for-
mellen poetischen Ausbildung war man erst im zwölften Jahrhundert
und später gekommen.

Allerdings liebten schon die Dichter des Karolingischen Zeit-
alters und auch der folgenden Zeit Sentenzen und Stellen aus alten
Classikern, vorzüglich Dichtern, zu entnehmen; der Kreis aber war
ein ziemlich beschränkter; er ging, was die Dichter betrifft, nicht
viel über Virgil, Lucan, Statius und Horaz hinaus; selten oder gar
nicht wurden Ovid und Terenz gelesen. Die Roswitha'schen Werke
verrathen aber eine genaue Bekanntschaft nicht nur mit allen diesen
genannten alten Dichtern, sondern auch mit Plautus, dessen Sprache
und selbst Archaismen in den Dramen nachgeahmt werden [3]): und

---

XI. Jh. S. XIX. flg. Es wäre nicht uninteressant, im Einzelnen nachzuweisen,
welche Idiotismen bei der Roswitha mit denen bei den deutschen Humanisten am
Ende des 15. Jahrhunderts übereinstimmen.

[1]) Vgl. J. Grimm und A. Schmeller lat. Gedichte des X. und XI. Jahrh. Gött. 1838.

[2]) Namentlich ist die elegische Verbindung des leoninischen Hexameters mit dem
gereimten Pentameter eine im zehnten Jahrhundert nicht vorkommende. Überhaupt
ist der Gebrauch der leoninischen Verse durch ganze Dichtungen ein späterer,
der erst im 14. und 15. Jahrhundert sich verbreitete. Unrichtig ist daher die
Bemerkung Barack's S. LV: „Ihre Verse sind leoninische, wie sie zu ihrer Zeit in
Gebrauch waren und zwar vorzugsweise mit stumpfem Reime. Auch im Übrigen
theilen sie den Charakter, den die lateinischen Dichtungen ihrer Zeit überhaupt an
sich tragen." Ganz anders lautet das Urtheil J. Grimm's, lat. Ged. im X. und XI.
Jahrh. S. IX. Die Vergleichung der sogenannten Roswitha'schen Versification mit
andern Dichtungen des X. und XI. Jahrh. zeigt uns wesentliche Unterschiede. Die leoninischen oder gereimten Hexameter kommen nicht wie sonst
üblich einzeln vor, sondern bei der Roswitha fast regelmässig durch das
ganze Gedicht. Die elegische Verbindung des leoninischen Hexameters mit
dem gereimten Pentameter kommt erst im XII. und XIII. Jahrh. vor. S. 305: „Wie
verschieden klingen die Distichen des XII. Jahrh. von den leoninischen Versen des
10. (der Roswitha)."

[3]) Die Pronomina im Genitiv mis, tis, sois für mei, tui, sui, welche bei Ennius und
Plautus vorkommen. (Celtes in der Vorrede sagt: für die Dative mihi, tibi, sibi).
Auch führt Celtes an, dass alterthümlich debrius für ebrius von der Roswitha ge-
braucht werde. Debrius kommt aber weder bei Plautus noch sonst bei einem alten

doch ist es zweifelhaft, ob im zehnten Jahrhundert dieser römische Comödienschreiber überhaupt nur in Deutschland bekannt war [1]). Sicher aber fand er sich in keinem Nonnenkloster und wurde da gelesen. Dass aber von Plautus ein guter Codex in Heidelberg im fünfzehnten Jahrhundert aufbewahrt und von Humanisten jener Zeit, namentlich von Mitgliedern der rheinischen gelehrten Gesellschaft eifrig gelesen wurde, unterliegt keinem Zweifel [2]).

Die in den Roswitha'schen Werken häufig vorkommenden griechischen Ausdrücke [3]), die theilweise eigenthümlich gebraucht sind, wie auch selbst griechische Constructionen, zeugen nicht blos von Kenntniss der griechischen Sprache im Allgemeinen [4]), sondern auch der Grammatik. Bei Reuchlin, Celtes und andern rheinischen Sodales würde ein solcher Umstand nicht befremden, aber in Gedichten des zehnten Jahrhunderts dürfte er im höchsten Grade auffallend sein, indem damals die Kenntniss des Griechischen in Deutschland zu den grössten Seltenheiten gehörte, namentlich in der Zeit, wo die griechische Prinzessin Theophania, Gemahlin Otto's II., noch nicht ihren Einfluss ausübte.

Schriftsteller vor. Dagegen findet sich die bei den römischen Dichtern nicht selten vorkommende Form des Infinitivs Passivi auf -ier ziemlich häufig in den Roswitha'schen Dichtungen.

1) Alcuin, der mehr als irgend ein anderer Gelehrter des achten Jahrhunderts classische Bücher in der erzbischöfl. Yorker Bibliothek benutzte, erwähnt unter den dort vorhandenen römischen Dichtern weder Terenz und Ovid noch Plautus.

2) Vgl. Ritschl, Plaut. Trinummus. Bonn. 1848 in den Prolegom. p. XXVII sqq. spricht von zwei Heidelberger Codices des Plautus. Von der Handschrift, die gegenwärtig noch in der vaticanischen Bibliothek ist, wohin sie aus der Heidelberger gekommen war, sagt Ritschl: [Vetus codex Camerarii] — Camerario permissus a Vito Werlero Franco professore Lipsiensi, qui cum a. 1512 dono acceperat a Martino Polichio Mellerstadiensi primo Univers. Vitebergensis rectore (einem Mitgliede der rhein. Sodalität), postea de Camerarii heredibus Grutero intercedente emptus et in Palatinam bibliothecam illatus etc.

3) Unter denselben finden sich: Atomus, cauma, diapason, diatessaron, dynamis, enarithmus, energumenus, erebus, neophytus, paraclitus, phantasma, plasma, plasmare, pneuma, polus, protoplastus, stichus, strophium, usia etc.

4) Trithem. scriptt. eccl. l. c. Graecae etiam linguae (Rosvida) notitiam habuit. Coetanea Johannis Anglici (s. Johannae Britannae) fuit, qui (quae) doctrina sua papatum meruit. Um die Gelehrsamkeit der Nonne weniger auffallend zu machen, stellte man sie mit der angeblichen Johanna Papissa, die in Athen studirt haben sollte, zusammen.

Aber nicht allein die Form, sondern auch der Inhalt der Dichtungen spricht dagegen, dass eine Nonne ihre Verfasserin ·gewesen. Wer wird es nicht höchst auffallend, ja unglaublich finden, dass eine keusche züchtige Nonne unter der Aufsicht und mit Wissen ihrer Äbtissin, welche dem kaiserlichen Hause der Ottonen verwandt war, fast lauter solche Stoffe zu ihren dichterischen Productionen wählte, auf die näher einzugehen für eine ehrbare, sittsame Frau, geschweige für eine fromme, dem argen Welttreiben abgestorbene Nonne sich nicht schickte? Selbst wenn zugestanden werden muss, dass die Roswitha'schen Legenden, indem sie schlüpfrige Situationen schilderten, eine sittliche Tendenz verfolgten, und indem sie die Abwege und Verirrungen des Lasters darlegten, mit lebhaften Farben seine Bestrafung angaben und den Triumph der Tugend verherrlichten [1]: so wird man doch nicht umhin können, eine derartige Lectüre für unverderbte Gemüther schädlich, gefährlich und keineswegs empfehlenswerth zu finden. Jene Legenden stehen dann ungefähr auf gleicher Linie mit manchen modernen Tugendromanen, welche die Phantasie jugendlicher Gemüther in eine falsche Richtung bringen, und sie anstatt für Sittlichkeit und geistige Erhebung zu gewinnen, den Verlockungen des Lasters entgegenführen. Es gibt allerdings Legenden, (und es sind gerade ja die, welche den Roswitha'schen Dichtungen zu Grunde liegen, derartige Erzählungen), welche von schlüpfrigem Inhalt nicht frei zu sprechen sind; dieselben wurden aber nicht von Frauen, sondern von Männern geschrieben. Manchmal fühlten gerade solche, deren früheres Leben im Schlamm der Sündhaftigkeit versunken gewesen, nachdem sie sich auf den bessern Weg mit aller Kraft erhoben, durch ihre gemachten Erfahrungen ganz besonders den Beruf in sich, vor den Fallstricken des Lasters zu warnen und anzugeben, wie der Tugendpfad zu betreten und zu bewahren sei.

Es dürfte aber gewiss ohne Beispiel sein, dass eine in der Welt unerfahrene Nonne einem solchen Beruf sich unterzogen und deshalb zu ihren moralischen Dichtungen derartige anstössige Stoffe sich ge-

---

[1] Sie werden daher casta carmina von Celtes und Trithemius genannt: letzterer bemerkt noch ausdrücklich: ad virgines sacratas castitatem et continentiam hortando conscripsit.

wählt habe [1]), wo ein sittsamer Knabe allen Verführungen und Dro-
hungen des Päderasten widerstanden und endlich selbst lieber den
Tod erlitten, als dass er vom Wege der Tugend gewichen;
oder wo keusche Jungfrauen ungeachtet aller Verfolgungen und
Martern bis in den Tod ihre Unschuld bewahrten; oder wo fromme
Einsiedler in öffentliche Frauenhäuser sich begaben, um dort die Ge-
fallenen aufzusuchen und sie zur Tugend und Frömmigkeit zurück-
zuführen.

Es waren die italienischen Humanisten im fünfzehnten Jahrhunderte — dann aber auch nach ihrem Vorgange die deutschen —
welche ihre anstössigen und schlüpferigen Dichtungen mit der sittlichen Tendenz, welche in den poetischen Productionen liege, und
mit dem Wesen der wahren Poesie, welche das Leben schildere,
wie es in Wirklichkeit vorkomme, entschuldigten und vertheidig-
ten [2]). Von dieser Richtung war Conrad Celtes in Deutschland der
Repräsentant, der sie bis an die äusserste Grenze des kaum Er-
laubten verfolgte [3]).

Wenn zwar zugestanden werden muss, dass die Form, die
Sprache und der Geist in den Roswithaschen Dichtungen offenbar einem
und demselben Zeitalter angehören, so wird man doch nicht verken-
nen, dass der Werth der einzelnen Stücke ein verschiedener in der
Art ist, dass dieselben wohl verschiedenen Verfassern zugeschrieben
werden könnten. Man hat diese Unterschiede bisher gewöhnlich dadurch zu erklären gesucht, dass man die Dichterin, als in fort-
schreitender Vervollkommnung auffasst. Benedixen macht über die
Aufeinanderfolge der einzelnen Dramen die Bemerkung, „dass die in
den letzten derselben in auffallender Weise hervortretende Gelehr-

---

[1]) Es ist wohl begreiflich, wie Scherr, Gesch. deutscher Cultur und Sitte S. 85, den
sittlichen Charakter der Roswitha verdächtigen konnte: Barack, a. a. O. S. VII,
hätte sich darüber nicht so sehr ereifern sollen.

[2]) Celtes sucht wegen seiner unzüchtigen Liebeslieder und Schilderungen schlüpf-
riger Situationen in der Praefatio zu den libris Amorum sich zu rechtfertigen,
dass er Carmina quae castas innocentum adolescentum aures laedant et inebrient
gedichtet habe. Er fährt dann weiter fort: Fatebimur equidem ingenue et illis
(obtrectatoribus) non aliud quam quod in *praefatione sua in comoedias Hrosuita
nostra poeta Saxonica obtrectatoribus suis dederat, respondebimus.*

[3]) Schlosser, Neuere Geschichte, I. S. 137 tadelt deshalb den Celtes als einen
schamlosen und frechen Dichter mit scharfen Worten.

samkeit auf eine spätere Abfassungszeit hinweise, als die der vorher-
gehenden Stücke ist, die sich von solcher Prunksucht fast völlig
frei gehalten haben.« Die Legenden erklärt man für die ersten
Jugendarbeiten. Aber man gibt zu, dass auch hier ein Fortschritt
vom Einfachern und Ungeziertern zum Complicirteren und zu einer
reicheren Fülle der Gedanken und Wendungen wahrzunehmen sei.
Man übersicht auch nicht, dass der Panegyricus de gestis Ottonis I.
eine grössere Vollendung ungeachtet des schwierigeren Gegenstandes
zeige, und dass die Dichterin in der Praefatio dazu weniger Schüch-
ternheit und ein grösseres Selbstvertrauen an den Tag lege, wohl
deshalb, weil dieses Carmen von der Nonne in ihrer spätern Lebenszeit geschrieben worden.

Nachdem die Hauptmomente unserer Dichtungen in den vorzüglichsten Beziehungen dargelegt worden, gehen wir zu dem Kern der
Untersuchung, welche darthun soll, dass die sogenannten Roswitha'-
schen Werke nicht von einer sächsischen Nonne im zehnten Jahrhunderte, sondern von Conrad Celtes und einigen seiner humanistischen
Freunde verfasst worden sind.

Die Sprache in den Roswitha'schen Werken passt ganz und gar
für die zweite Hälfte des 15. Jahrhunderts: sie ist allerdings keine
ciceronianische und keine so correcte, wie sie sich bei den italienischen Humanisten jener Zeit findet: man darf aber nicht übersehen,
dass man in Deutschland damals noch nicht so weit gekommen war.
Auch die Versification entpricht der gewöhnlichen Form, welche man
im 14. und 15. Jahrhundert den Dichtungen gab [1]. Zwar bediente
sich Celtes in der Regel der horazischen Versmasse und er brachte
sie auch bei seinen humanistischen Freunden in Aufnahme: er dichtete auch in Hexametern und Pentametern nach der antiken Form,
daneben aber kommen von ihm poetische Productionen in leoninischer

---

[1] Grimm. lat. Gedichte im X. und XI. Jahrh., sagt S. IX.: Waltarius, Rudlieb und die
Echasis capitivi ergänzen unsere Vorstellung von dem dichterischen Vermögen
Deutschlands des 10. Jahrh., die wir lange nur aus dem Werke der
sächsischen Hrosuith entnehmen konnten. Aber gerade aus der Vergleichung der sogenannten Roswitha'schen Versification mit andern Dichtungen
des X. und XI. Jahrhunderts zeigen uns wesentliche Unterschiede.

Versweise vor [1]). Auch liebten die Humanisten griechische Ausdrücke
in die lateinische Rede einzumischen.

Die Heiligengeschichten metrisch zu bearbeiten, kommt bei
ihnen ziemlich häufig vor. Celtes selbst schrieb ein Carmen de S.
Sebaldo, Johann Trithemius und Adam Werner verfassten Dichtungen de S. Anna, Johann Cuspinianus schrieb eine Vita Divi Leopoldi
Marchionis Austriae, Jacob Wimpheling, Arnold Bost, Henricus Eu-
ticus u. a. nahmen die hl. Jungfrau zum Gegenstand ihrer Dichtungen.

Auch die Abfassung von lateinischen Dramen kam damals durch
die Humanisten zuerst in Deutschland in Gebrauch, und man führte
die Stücke auch öffentlich auf: Terenz, Plautus und Seneca wurden
vorzüglich nachgeahmt. Celtes und Johann Reuchlin wirkten in dieser
Richtung zunächst und am meisten.

Wenn auch der Humanismus dem Scholasticismus feindlich ge-
genüberstand, so hatte er sich von demselben in der Zeit des Celtes
noch keineswegs vollständig emancipirt: im Grunde wurzelte der
erstere noch immer in dem letztern, wenn er auch durch das Studium
der platonischen Philosophie, die Vorliebe für die alten Classiker,
und eifriges Betreiben der Mathematik und Astronomie eine neue
Richtung einschlug. Alle diese Übergänge schimmern durch die
Roswitha'schen Gedichte, wo wir die platonische Sphärenharmonie,
Anklänge an Virgil, Ovid, Horaz, Terenz und Plautus, aber auch an
Tertullian, Lactantius und Augustinus, ferner die Zahlentheorie und
die Dreitheilung der Musik und manche andere gelehrte Kenntnisse
finden nach Boethius, Censorinus, Martianus Capella, Cassiodor u. A.
Aber auch die vaterländische Historie, welche episch behandelt wurde,
fand damals bei den Humanisten eifrige Freunde. Celtes selbst
beabsichtigte nach dem Muster der Äneide eine Theodoriccide zu

---

[1]) So findet sich z. B. ganz das Roswitha'sche Vermass in der Celtes'schen Panegyris
ad duces Bavariae:

Danubius Gethicas prorupit tardior undas
Martia dum dignas solverunt proelia poenas.
Quid memorem justis magnisque recentia bellis
Gesta ducis? Claris nuper celebrata triumphis?
Quando Palatini prolata potentia regni.

So auch in den Epigrammat. lib. I. ep. 1. im leoninischen elegischen Versmasse.

schreiben [1]), wobei er Cassiodor's und Jordanis gothische Geschichten
zu Grunde legen wollte: und hat er nicht später im Guntherus Ligurinus nach den Berichten des Bischofs Otto von Freisingen die
Thaten des Staufers Friedrich I. besungen, wie in dem Panegyricus
de gestis Oddonis I. der erste sächsiche Kaiser verherrlicht
worden ist?

Aber auch die Schilderungen von Naturschönheiten, für welche
das Mittelalter im Ganzen wenig Sinn hatte, aber bei welchen die
Humanisten nicht selten mit Vorliebe verweilten, wie Celtes in seinen
Reisebildern und Oden zeigt [2]), verflochten die humanistischen Verehrer des Alterthums in ihre dichterischen Werke.

Finden wir alle Eigenthümlichkeiten der humanistischen Poesie
des XV. Jahrhunderts in den Roswitha'schen Werken und muss uns
dieser Umstand schon für die Ansicht gewinnen, dass diese Dichtungen dem Zeitalter des Celtes angehören, so wird die Vermuthung zur
Gewissheit gesteigert, wenn zuverlässige Beweise beigebracht
werden können, dass die fraglichen Gedichte ihre Entstehung durch
Celtes und einige seiner Freunde erhalten haben.

Aus den kurzen und häufig räthselhaften Andeutungen in den
Briefen der bei dem Werke betheiligten Humanisten an Celtes [3]) lässt
sich der eigentliche Sachverhalt errathen. Manche Briefe, welche
zu deutlich sprachen, sind ohne Zweifel vernichtet worden: Manches
wurde einzig und allein nur mündlich verhandelt. Wenn Celtes nicht
selbst in Zusammenkünften die Sache besprechen konnte, so sandte

---

[1]) Die Vita C. Celtis, welche von der Sodalitas Rhenana herausgegeben worden,
sagt: Theodoriceidem orsus est, qua Theodorici regis Gothorum et Germaniae
historiam complecti voluit versu heroico. Der Wormser Bischof Johann Dalberg
verschaffte ihm die Werke Cassiodors (Cod. Epist. Celt. lib. XII. ep. 2. f. 138).
Von Jornandes hatte er sich in Wien eine Abschrift machen lassen.

[2]) Z. B. die Beschreibungen der Lage von Freiburg, Heidelberg und Passau in den
Oden lib. III. od. 5. und 25. lib. II. od. 15.

[3]) Auf der k. k. Hofbibliothek in Wien befindet sich eine Sammlung von dritthalb-
hundert abschriftlichen Briefen von Freunden des Celtes an ihn vom J. 1491—1505.
Celtes hat die Sammlung selbst angelegt, und darin nicht alle Briefe aufgenommen:
offenbar fehlen viele, namentlich aus den Jahren 1492 und 1493, in welcher Zeit
die Roswitha'schen Gedichte fabricirt wurden. Im Codex sind auch bei diesen
Jahren 4 Blätter ausgeschnitten.

er seinen Vertrauten Andreas Stiborius oder den Matthäus Pappen-
heim, einen Kenner alter Handschriften, der sie wohl auch zu fälschen
verstand. Dieser reiste beständig zwischen Nürnberg, Regensburg,
Ingolstadt und anderen Städten und unterhielt so den geistigen
Verkehr zwischen Celtes, Conrad Peutinger, Theodorich Ulsenius,
Johann Reuchlin, Janus Tolophus u. a.

In der Celtesschen Briefsammlung kommen nicht wenige Schreiben vor, welche dunkle und höchst sonderbar lautende Stellen enthalten: sie geben nur versteckte Anspielungen auf etwas, dessen
Verständniss die Correspondirenden etwaigen profanen Lesern ent-
ziehen wollen. Man darf dabei nicht vergessen, dass damals der
Sponheimer Abt Johann Trithemius, ein eifriges Mitglied der rheinischen gelehrten Sodalität, seine Geheimschrift (Steganographia)
erfunden hatte, wornach die in dieselbe Eingeweihten ihre geheim-
sten Gedanken in offenen Briefen oder in öffentlichen Reden sich ein-
ander mittheilen konnten, ohne dass sie dabei Gefahr liefen, dass die
Mittheilung von fremden Personen verstanden oder errathen wurde.
Die Geheimverkehrenden legten gewissen Worten nach ihrem Ueber-
einkommen einen eigenthümlichen Sinn unter; z. B. ein zu curirender
kranker Ritter war eine Roswitha'sche Legende, welche in eine ele-
gante Dichtung umzuwandeln war [1]).

Celtes hatte sich von Lorenz Aicher, dem Prior des St. Emmerans-Klosters in Regensburg und dessen Bibliothekar Erasmus Australis, seinem vertrauten Freunde, ein Zeugniss ausstellen lassen (Anfang
Februar 1494), dass er die in Prosa und Versen geschriebenen
Werke einer Nonne handschriftlich aus dem Kloster erhalten habe
zur Benutzung und zur späteren Rückgabe durch die Hand eines
sicheren Nürnberger Bürgers Friedrich Rosenritter [2]). Zu jener Zeit

---

[1]) Vgl. das Schreiben des Theodoric. Ulsenius an Celtes im Cod. epistol. Celt. lib.
II. ep. 12. fol. 17 oder in einem andern Schreiben desselben Ulsenius, wo er die
in diem politam illam Barbaram (i. e. Cimbricam) quam rudem multo plus laedere
amatorem ac extenuare bespricht (Cod. ep. Celt. lib. VI. ep. 41. fol. 67).

[2]) Der Cod. epist. Celtis. lib. IV. ep. 13. p. 36 gibt dieses Document in Abschrift.
Klüpfel II. 78 und Barack Vorr. LVI liefern keinen genauen Abdruck. Das Schreiben lautet:

Ego frater Laurentius Aicher Prior coenobii sancti Emmerani Ratisponae ordinis
scti Benedicti et frater Erasmus Australis eiusdem Monasterii et ordinis professus
et sacerdos, recognoscimus per praesentes literas, nos ex favore et benevolentia

hatte Celtes das Roswitha'sche Legendenbuch schon lange in Händen
gehabt und es waren die neuen Dichtungen mit alterthümlichen
Schriftzeichen in einen Pergamentcodex von kunstfertiger Hand
zusammengestellt worden. Dieser Codex war an die Stelle des vom
Kloster erhaltenen Manuscriptes später zurückzuerstatten: von Erasmus Australis war kein Widerspruch gegen den Wechsel zu befürch-
ten [1]). Endlich um jede Aufdeckung des gelehrten Betrugs zu ver-
hindern, musste das ursprüngliche Roswitha'sche Legendenbuch vernichtet werden [2]).

Con. Celti poetae ad usum et utilitatem suam accomodasse librum quendam, in
quo continetur metrice et prosaice editio cujusdam monialis, quem ipse proprio
Cyrographo nobis promisit, [Klüpf. & Barack fügen bei : *se redditurum*] postea quam
usus fuerit [K. und B. et] Norimbergae provido viro civi ibidem Friderico videl.
[fehlt bei K. und B.] Rosenritter praesentare [K. und B. praesentavit.]. In hujus
rei testimonium hanc chartam ego praedictus prior sigillo prioratus conmunivi.
Dat. Ratisponae in nostro coenobio quinta feria ante festum Purificationis Virginis Mariae anno salutis 94.

[1]) Der Codex ist nach Aufhebung des Regensburger Sct. Emmeransklosters nach
München in die Hofbibliothek gekommen, wo er noch gegenwärtig E CVIII (Cod.
14485) aufbewahrt wird. Barack (Vorrede S. LVI) meint, Celtes habe keine Abschrift von dem alten Codex genommen, sondern ihn selbst, mit seinen Correcturen, Rasuren und Randbemerkungen versehen, in die Druckerei gegeben: durch
dieses Verfahren, namentlich durch die vielen Radirungen, die zum nicht geringen
Theil von des Celtes Hand herrühren und auch durch die Einlage noch frisch von
der Presse kommender Correcturbögen hat der Codex nicht wenig gelitten. Auf
Blatt 76 und 79 ist so eine Anzahl Zeilen des Celtesschen Textes abgedruckt.
Vgl. Ruland, Serapeum 1857. Nr. 2, wo eine Beschreibung des Codex geliefert ist.
Die alterthümliche Schrift liefert keinen vollständigen Beweis für die Echtheit des
Alters der Handschrift. Man weiss, mit welcher Virtuosität angeblich alte Urkunden
im Mittelalter vielfach gefälscht worden sind. Der Codex der Roswitha besteht aus
150 Blättern ausgesuchten Pergaments in grosser Quartform, in der charakteris-
tischen Schrift des XI. Jahrh. — Betrachtet man die Nettigkeit der Schrift,
bemerkt Ruland a. a. O., so lässt sich kaum begreifen, wie Celtes solche als eine
litera ferme gothica bezeichnen konnte. — Es kommen in dem Codex einige Ab-
sonderlichkeiten vor, welche wie Anderes noch wohl von einem Paläographen näher zu untersuchen wären. Auch die Compendia vocum müssten dabei besonders
berücksichtigt werden.

[2]) Matthäus Pappenheim in einem Brief an Celtes (Cod. epist. Celt. lib. XIII. ep. 3 fol.
148. d. d. 29. Sept. 1503) spricht von der Vernichtung einer Handschrift, bei
welcher Sache auch der Sponheimer Abt Trithemius in das Geheimniss gezogen
war : Vobis *dudum* significare volui, sc. *tradidi oblivioni secretum illud,* quod insignis *Pater abbas Trittemius vobis bona fide insinuavit.*

Schon im Jahre 1494 war dem Sponheimer Abt Johann Trithemius, welcher in die Sache eingeweiht war, wie oben angeführt ist,
der neue Codex mitgetheilt worden, der davon für seine Kloster-
bibliothek eine Abschrift nahm [1]), auch versuchte, einen Drucker zu
gewinnen. Johann Amorbach in Basel war bereit, die Dichtungen der
rheinischen Sodales aus seiner Officin ausgehen zu lassen [2]). Die
Sache aber verschlug sich wieder, es ist nicht bekannt, welches
Hinderniss dazwischen trat. Vielleicht war Celtes mit der Revision
des Ganzen damals noch nicht zum Abschluss gekommen. So verflos-
sen noch sieben Jahre, bis die rheinische Sodalität, mit Celtes an der
Spitze, die Dichtungen durch den Druck veröffentlichte. Wahrscheinlich hatten der Kaiser Maximilian, der Bischof Johann von Worms
und der Kurfürst Friedrich von Sachsen durch Geldbeiträge endlich
den Druck ermöglicht.

Es erübrigt noch über die Verfasser der einzelnen Dichtungen
zu handeln, in so weit sie ermittelt werden können.

Wenn feststeht, dass von deutschen Humanisten des fünfzehnten
Jahrhunderts die der Roswitha zugeschriebenen Dichtungen verfasst
worden sind, so dürfte es keinem Zweifel unterliegen, dass ihr Herausgeber Conrad Celtes bei dieser Sache ganz vorzüglich betheiligt
gewesen. Der etwaige Einwurf, dass Celtes von einem Humanisten
seiner Zeit mystificirt und ihm ein angeblich alter Codex mit den fraglichen Dichtungen in die Hände gespielt worden, verdient keine ernstli-
che Widerlegung. Anhaltspuncte, diese Hypothese irgend zu begrün-
den, fehlen ganz und gar.

Dagegen spricht alles dafür, dass Celtes, wenn auch nicht allei-
niger Verfasser der angeblichen Roswitha'schen Dichtungen, doch

---

[1]) Mit Recht vermuthet Barack (S. LXI), dass die in der gräfl. Schönborn'schen Bibliothek in Pommersfelden befindliche Papierhandschrift der Werke der Roswitha
(vgl. Pertz, Archiv Band IX. S. 534) diese Abschrift des Trithemius sei, welche
gemacht wurde, ehe Celtes die letzten Correcturen und Radirungen in dem Pergamentcodex anbrachte. Es kann, wie Barack angibt, der Celtessche Druck durch
den Codex und die Pommersfelder Handschrift übereinstimmend ergänzt werden.
Bethmann's Behauptung, dass letztere Handschrift nur eine Abschrift des Celtesschen Druckes sei, ist unrichtig.

[2]) Vgl. Beil. VIII.

Haupttheilnehmer bei ihrer Niederschreibung gewesen und für das Ganze seine redigirende und bessernde Hand ausgeholfen hat. Ohne Zweifel rühren auch von ihm die Ueberschriften, die Vorreden und Argumenta her [1]). Einige Stücke bieten derartige Eigenthümlichkeiten, dass dieselben keinem Humanisten jener Zeit mit mehr Grund zugeschrieben werden könnten als unserem gekrönten Dichter. Er besass ein ausgezeichnetes Talent, antike und mittelalterliche Versmasse meisterhaft nachzuahmen und sich die Ausdrücke und Wendungen der lateinischen Sprache in den verschiedenen Jahrhunderten mit Geschick anzueignen; er hatte eine grosse Belesenheit in den römischen Schriftstellern, besonders Dichtern und war durch seine früheren theologischen Studien in Köln auch mit den bedeutenderen kirchlichen Scriptoren bekannt geworden: es fehlten ihm nicht die Kenntnisse in der griechischen Sprache, in der Mathematik, Astronomie, Scholastik und platonischen Philosophie. Daher ist zu vermuthen, dass die Legende des heil. Gongolf, welche sowohl hinsichtlich der Form in leoninischen Distichen, als auch bezüglich des poetischen Gehaltes, das ausgezeichnetste Stück ist, von Celtes herrührt, und dass von ihm weiter die beiden Comödien Abraham und Paphnutius, vielleicht auch das Schauspiel Sapientia, geschrieben wurden, indem in diesen Stücken sich der Mathematiker und Astronom, der Scholastiker und Neuplatoniker zu erkennen gibt. Auch spricht für diese Annahme der Umstand, dass Celtes sich vielfach mit Seneca, Terenz und Plautus beschäftigte, von welchen Dichtern manche Anklänge vorkommen, und

---

[1]) Wichtig ist eine Stelle in des Celtes Odar. lib. III. od. 27 ad Theodoricum Gresmundum Cattum, hospitem suum Moguntinum:

Cum virus rapuit lethiferum Ursulam,
Quae me blanda suis torserat ignibus
Et me vafra coëgit
Versus scribere lubricos.
Castis carminibus sum modo deditus
Charis nostra ferens dona sodalibus etc.

Der Tod seiner Freundin Ursula fällt ins J. 1491, als Celtes das dritte Buch seiner libri Amorum, welches Ursula betitelt ist, schrieb: er wandte sich dann der frommen Legendendichtung der Roswitha zu. Wenn er auch mitunter ernste Oden dichtete, so können diese doch nicht passend casta carmina genannt werden. Johann Trithemius nennt so die Roswitha'schen Dichtungen wegen ihrer Tendenz. Er sagt: ad virgines sacratas castitatem et continentiam hortando conscripsit etc.

sich eine Reihe von Jahren hindurch damit abgab, sowohl antike Dramen wie auch neuere Stücke, die er selbst geschrieben hatte, öffentlich zur Aufführung zu bringen [1]).

Die drei andern Comödien, Gallicanus, Dulcitius und Calimachus, dürften von dem berühmten Johann Reuchlin verfasst worden sein, der, mit Celtes aufs Innigste befreundet [2]), wie dieser die Aufführung von Comödien an Hochschulen betrieb [3]) und auch eine Anzahl von

---

[1]) In der von der Sodalitas Rhenana im J. 1513 bei den libris Odarum herausgegebenen Vita Conradi Celtis heisst es: Primus comoedias et tragoedias in publicis aulis veterum more egit. In Wien wurden nach den Act. Univ. Vindobon. fol. 58 in der Universitäts-Aula von Studenten Stücke des Terenz, Plautus und Seneca aufgeführt. Unter dem Rectorat des Wilhelm Puelinger 1502: Erat profecto memoria dignissimus actus, antea non visus a me, neque ceteris: comoediae plures in aula Univers., me annuente, et ut plurimum praesente, per pueros recitatae, ac scenico plausu repraesentatae sunt. In Linz kam im J. 1501 ein Singspiel mit Instrumentalmusikbegleitung Ludus Dianae (von Celtes verfasst) vor dem kaiserlichen Hof zur Aufführung, worin Celtes und eine Anzahl seiner Freunde als Mitwirkende agirten. Eine andere theatralische Vorstellung veranstaltete Celtes im J. 1504 in Wien bei Gelegenheit der Feier des kaiserlichen Sieges über die Böhmen. Beide Celtessche Theaterstücke sind gedruckt. Schon im J. 1485 edirte unser Dichter Seneca'sche Tragödien, den Hercules furens und die Coena Thyestis: er schrieb auch Commentare darüber, welche aber nicht gedruckt wurden. Fridianus Pighinuccius schrieb 1496 an Celtes (Cod. epist. Celt. VI. 28. fol. 58): Quod ais de Tragoediis Senecae te earum interpretationem retinuisse, ut imprimeretur, id mihi placet. Nicht mit Unrecht hat man behauptet, dass die Roswitha'schen Dramen für die scenische Aufführung bestimmt gewesen: Revue des Deux-Mondes. 15. Nov. 1839. Magnin, théatre de Hrosvitha. Paris 1845.

[2]) Zeugniss davon gibt des Celtes Od. 23 in lib. III. Odarum: darin vorzüglich zu beachten die Stellen:

Comicas fraudes (i. e. Comoedias) copiose scribis,
Et sonas doctus Tragicum coturnum.

— —

Inde per Rheni celebratus urbes
Te colit praesul (i. e. Wormatiensis) refovens sodales,
Et meis cunctum lyricis habebis nomen in aevum.

[3]) G. W. Zapf, Leben Joh. v. Dalbergs, Augsb. 1789. S. 59 nach Crusii annal. Suevici P. III. p. 508. „Reuchlin verfertigte demselben (Joh. v. Dalb.) zu Ehren eine Komödie, welche die erste war, die in Deutschland gehalten wurde. Er führte solche 1498 in dem Hause des Bischofs zu Heidelberg auf." In Maii vita Reuchlini p. 189 kommt die Rede des Valentin Helffant vor, welche im Namen der gelehrten Sodalität als Danksagung nach der Aufführung und dem daraufolgenden Gastmal an den

(Aschbach.) **3**

ihm gedichteter Dramen durch den Druck veröffentlichte [1]). Reuchlin war Mitglied der rheinischen gelehrten Sodalität. Wo in den Briefen an Celtes die Sodales von der Roswitha und dichterischen Arbeiten sprechen, findet sich gewöhnlich auch eine Erwähnung von Reuchlin, was wohl nicht ganz zufällig ist [2]).

Von den andern Heiligengeschichten, welche sämmtlich in leoninischen Hexametern geschrieben sind, lassen sich einige Verfasser nachweisen. Es sind die Humanisten Hartmann von Eptingen, Johann Tunsel von Silberberg (de Monte Argenteo), Jodocus Sturlin von Schmalkalden, Theodor Ulsenius von Friesland und Janus Tolophus von Regensburg, welche sämmtlich Mitglieder der rheinischen gelehrten Gesellschaft waren [3]), die drei letztern auch zur Sodalitas Danubiana gehörten [4]).

In einem Briefe des Johann Silberberg [5]) (von Basel 2. April 1494) an Celtes geschieht Erwähnung von der Roswitha, womit sich der gekrönte Dichter noch beschäftige: auch Johann von Silberberg

---

Bischof Dalberg gehalten wurde: Comicos hos ludos, quos ingenii exercitandi tantum, nullius lucri aut quaestus gratia instituimus, tuo nomini dedicamus aequissimo jure.

[1]) Unter dem Titel: Scenica Progymnasmata. Argent. 1497 und 1498. Basil. 1498. und dann an verschiedenen Orten später öfters. In den von Spiegel in Tübingen 1512 herausgegebenen Scenica Progymnasmata ist ein Stück abgedruckt, welches 31. Jan. 1497 in Heidelberg aufgeführt ward.

[2]) Epist. Joh. Trithem. cod. epist. Celt. V. 4. f. 43 v. 11. April 1495. — Epist. Henr. Cuspidii. d. d. Heidelberg. 1496. Cod. ep. Celt. VI. 3. f. 47. — Epist. Jac. Dracontii 31. Jun. 1496. (Cod. ep. C. VI. 1. f. 46). Epist. Rutgeri Vernay 1. Sept. 1499. Cod. epistol. Celt. IX. 14. fol. 104.

[3]) Unter den 14 Mitgliedern der Rhein. Sodalität, welche Epigramme auf die Roswitha dichteten, kommen von den genannten nur Theodoricus Ulsenius und Janus Tolophus vor: es werden daselbst aber nicht alle Sodales angeführt.

[4]) Sie kommen bei den Sodales der Donaugesellschaft vor, welche im J. 1497 den Celtes bei seiner Ankunft in Wien mit Episodien begrüssten. Diese sind abgedruckt in des Celtes Ausgabe des L. Apuleius Cosmographia. Auch im Verzeichniss der 12 Sodales der Donaugesellschaft, welche Cuspinian in seinem Hause auf einer steinernen Tafel setzen liess im J. 1507, befindet sich der Name des Theodoricus Ulsenius.

[5]) Johann Silberberg war dreifacher Doctor, der Philosophie, der Medicin und des geistlichen Rechts: er docirte an der Universität Basel. Athen. Rauric. p. 105 und 168. Klüpfel vit. Celtis I. p. 155.

und Hartmann von Eptingen[1]) werden dabei erwähnt: der Schreiber will aber von der Sache nicht weiter irgend etwas sprechen[2]).

Deutlicher und bestimmter lauten die Worte in einem Briefe des Jodocus Sturnus von Schmalkalden[3]), der aus Brünn 22. August 1504 an Celtes geschrieben ist. Sturnus war längere Zeit in Italien und als er zurückgekehrt war, fand er die Werke der Roswitha gedruckt. Er schrieb dann an Celtes, dass es ihn ganz besonders gefreut habe, dass unter den Roswitha'schen

---

[1]) Johann Hartmann von Eptingen, ein Basler Humanist, der in Paris seine Studien gemacht hatte, zeichnete sich als Dichter und Astronom aus: er war ein vertrauter Freund des Celtes, der ihn in einem Gedichte besang (Odar. lib. III. od. 22 ad Hartmann. de Eptingen seniorem eccl. Augustioris Basileensis), welches schliesst:

> Quapropter omnis docta sodalitas,
> Rhenum rapacem quae modo possidet,
> Te laudibus multis adornat
> Perpetuos tibi dans honores.

Hartmann starb 1501. Celtes verfasste auf ihn ein Epitaphium. Epigrammat. lib. III. epigr. 34, welches Klüpfel, vit. Celtis I. p. 154 mittheilt:

> Hartmannus jacet hac Eptingus mole sepultus
> Inter canonicos gloria summa viros.
> Hospitibus claris hic semper amicus et hospes
> Vixerat et largus munera multa dabat.

[2]) Die Stelle in dem Briefe des Johann de Monte Argenteo an Celtes (Cod. epistolar. Celt. lib. IV. ep. 18 fol. 40, S. Beil. VI.) lautet etwas dunkel: Vale igitur nunc *cum tua Roswitha et mei summique Mecenatis nostri Hartmanni* (sc. de Eptingen) *memoriam ullam tecum obmutescat oblivio.* Sollte vielleicht in dem auffallenden summi Mecenatis nach Anweisung der Trithemischen Steganographie der Titel des Carmen sancte Marie na(tivita)tis versteckt sein?

[3]) Jodocus Sturnus oder Sturlinus (auch Staar und Starle genannt) war aus Schmalkalden in Sachsen gebürtig. Er erzog die Söhne des gelehrten böhmischen Herrn Bohuslaus von Hassenstein, mit denen er Italien bereiste (um 1500) und führte daher auch die Benennung Paedagogus. Später. wohl erst nach 1504 kehrte er nach Sachsen zurück, wo er in Annaberg und Leipzig für die Verbreitung des Humanismus wirkte. (Mencke de Graec. et latin. litt. in Misnia restaurat. §. 11). Er schrieb mehreres und gab auch Dichtungen heraus, von denen man behauptete, dass sie nicht seine eigenen gewesen, sondern dass er sie aus den nachgelassenen Papieren des Bohuslaus von Hassenstein entnommen habe. Über ihn ist zu vergl. Schier de sodal. Danub. fol. 53 (MS.). Dieser gibt nur weniges; mehr Kaltenbäck, Öst. Zeitschr. für Geschichte 1837. III. 86 und Klüpfel II. 154.

3 *

Dichtungen auch seine Production über die Agnes aufgenommen worden [1]).

Aus Stellen in mehreren Briefen des Nürnberger Arztes und
humanistischen Dichters [2]) Theodorich Ulsen aus Friesland [3])
lässt sich dessen Theilnahme an den Roswitha'schen Dichtungen nicht
bezweifeln, obschon es an sicheren Anhaltspuncten fehlt, welche
von denselben durch ihn behandelt worden ist. Wir wissen aus der
Vorrede des Celtes zu seiner Ausgabe der Roswitha'schen Werke,
dass er die sächsische Dichterin Mulier Cymbrica nannte. Celtes
identificirte die Cimbern mit den Sachsen, welche beide germa-
nische Völker in der cimbrischen Halbinsel oder in Jütland Wohn-
sitze gehabt hatten. Weil aber die Sachsen, wie die Deutschen überhaupt, von den dünkelhaften Italienern Barbaren gescholten wurden, gab er der Roswitha, der cimbrischen Frau, welche im zehnten
Jahrhundert so hoch über den italienischen Bildung gestanden, in iro-
nischer Weise den Namen Cimbrica Barbara. Sein Freund Theodorich Ulsen adoptirte diese Benennungsweise, um das Geheimniss
bezüglich der Roswitha vor denen, die man nicht in dasselbe eingeweiht hatte, besser zu bewahren. Schon im Jahre 1492 schickt er
von Nürnberg an Celtes nach Ingolstadt ein Schreiben, worin vorkommt: Ganz deine Cimbrische Barbara, welche sich mit
allen Legenden beständig abzugeben genöthigt ist[4]).

---

[1]) Der Brief des Jodoc. Sturnus an Celtes ist datirt: Ex Brunna 22. Aug. 1504. Darin
heisst es: Crede mihi, quod ultra quam dicere queo, me recreat atque delectat
hic Rosuitae codicellus et ob hanc praecipue causam, quod meae singularissimae
electaeque sponsae Agnetis in suis meminit carminibus. Vgl. Beil. X.

[2]) Trithem. script. eccl. nennt ihn einen homo Frisius singularis eruditionis et peritiae
in carmine et oratione. Er gibt dann an, dass er Elegien und Epigramme geschrieben. Ein Carmen des Theod. Ulsenius an Celtes kommt in dessen Melopoia Nr. 7
vor.

[3]) Er hatte früher in Heidelberg studirt und war, wie aus seinen zahlreichen Briefen (14) an Celtes im Codex epistolaris Celticus zu ersehen ist, ein vertrauter
Freund des gekrönten Dichters, ein Humorist und grosser Verehrer der Poesie. Im
J. 1501 lebte er am kaiserlichen Hof in Linz und war activ bei der Aufführung des
Lustspieles Ludus Dianae. Er lebte noch im J. 1507. Über ihn handelt Denis, Ga-
rell. Bibl. S. 366 und Klüpfel II. 147—150. Kaltenbäck a. a. O. III. S. 90 spricht
von ihm nur kurz.

[4]) Cod. epist. Celt. lib. II. ep. 12. fol. 17. Quod de re tua scribam nihil est, quam
omnino sileas et moreris me. Dabo operam, ut aliquid quod hris sim: tota tua Barbara Cimbrica inter uniles fabulas cogatur perpetuo versare. S. Beil. V. a.

Noch wichtiger ist die Stelle in einem andern Briefe vom 16. Aug. 1494, worin er an Celtes schreibt, dass dessen C i m b r i s c h e B a r b a r a etwas Tüchtiges hervorbringen werde. S i e s t a m m e v o n d e r M u t t e r N e m e s i s u n d h a b e i h n (Celtes) z u m V a t e r, d e r g e s c h i c k t und gewandt genug sei die Beleidigungen zu rächen[1]). In einem dritten Schreiben vom 17. September 1494, worin er über die schwere Arbeit, welche ihm die übertragene Cimbrische Dichtung gemacht habe, klagt, kündigt er deren Vollendung an[2]).

Aber noch im Jahre 1496 schreibt er zwei Briefe an Celtes[3]) worin von der Cimbrica Barbara in dunklen Worten gesprochen wird, aus denen aber doch soviel entnommen werden kann, dass die vollendete Cimbrica Barbara in den Händen des Celtes sich befindet. Wenn darin von der Hochzeit der Cimbrica Barbara, und dann auch von ihrer Scheidung geredet wird[4]), so deuten solche Ausdrücke wohl auf die Aufnahme der eingelieferten Dichtungen in die Sammlung oder auf die Ausschliessung aus derselben.

Dass auch der Regensburger Domherr und Forchheimer Propst J a n u s T o l o p h u s (Tolhoph), einer der innigsten Vertrauten des Celtes, ein namhafter Astronom, grosser Freund der humanistischen Studien und selbst Dichter[5]) an den Roswitha'schen Poesien sich betheiligte,

---

1) Cod. epis. Celt. lib. IV. ep. 15. f. 37. Credo ego nec dubito *Cymbricam tuam Barbaram* plurimam eius commodi pleni . . aliquid digne enixuram. *Nemesi vero matre orta est, patrem te geris* (si recte sentio) non omnino inertem ad ulciscendas injurias, nec segnem prorsus atque stupidum. S. Beil. V. *b.*

2) Cod. epist. Celt. lib. IV. ep. 4. fol. 29. Nimis grave pondus litterarum tuarum dorso imposuisti, *Cimbricam* sc. *sarcinam* jam omnibus pensandam mallem in scheda ipsa inclusisse.

3) Cod. epistol. Celt. VI. ep. 38 fol. 65. und ep. 41. fol. 67. Der letztere Brief hat das Datum: Nurnberg. fer. 5 post Jacob. 1496.

4) Der eine Brief hat die Überschrift: Ulsenius Celti Cimbricae *Barbarae nuptiis interesse;* und im Brief selbst kommt vor: Ego vero auctis rebus brevi *Cimbricum divortium* per cumulatissima organica apud te celebrare intendo. Bacchi et Phoebi non ignoramus sacerdotem. Im zweiten Brief heisst es: Habes nunc quod toto corde petisti, habes quo cum *Cymbrica millam Barbarum* divideres . . . Expui in diem politam illam Barbaram quam rudem, multo plus laedere amatorem ac extenuare.

5) Trithem. script. eccl. erhebt ihn sehr: er nennt ihn einen Dichter, Canonisten, Astronomen, Kosmographen und einen maximus fautor doctorum hominum. In der handschriftlichen Celtesschen Briefsammlung kommen 10 Briefe von ihm vor, die meisten ziemlich dunkeln Inhalts. Wir erfahren aus andern Briefen in dieser Samm-

hat alle Wahrscheinlichkeit, wenn auch nicht nachgewiesen werden kann, welches Stück der Dichtungen von ihm herrührt. Da Celtes so häufig zu Janus Tolophus nach Regensburg kam und längere Zeit daselbst bei ihm verweilte; da durch die Hände des Regensburger Domherrn auch die Schreiben zwischen dem Kloster St. Emmeran und Celtes gingen [1]); da ein lebhafter Verkehr zwischen ihnen beiden durch ihre gelehrten Gehülfen und Freunde Andreas Stiborius und Matthäus Marschall von Pappenheim [2]) unterhalten wurde, so ist erklärlich, warum in des Tolophus Schreiben an Celtes die Anhalts-puncte für seine Betheiligung an den Roswitha'schen Dichtungen weniger gefunden werden, wir erhalten sie aber in Schreiben der Celtischen Freunde und aus der Stelle einer Ode des Celtes an Janus Tolophus, worin er ihn einen **guten Erklärer alter Erzählungen** (Legenden) nennt [3]).

---

lung, dass er im J. 1503 gestorben ist und dass er nicht gerade einen muster-haften Lebenswandel geführt hat.

[1]) In der Celtesschen Briefsammlung kommt vom 11. Mai 1494 ein Brief des Regens-burger Procurator Sigmund Opfelbeck an Celtes vor, worin die Mittheilung ge-macht wird (Cod. epist. Celt. lib. IV. ep. 7. fol. 33): Scripta vestra intellexi et sicut praescripsistis cera rubra more solito et annulo sigilli vestro literas *per Tolophum* signatas signavi et praesentavi. Australem quoque fratrem Erasmum in coenobio S. Emmerani personaliter tractatulos praesentando visitavi, illique intentionem vestram declaravi, qui licet adhuc infirmus ad preces tum meas ipse vobis rescripsit. Matthaeus Allerlay modo ex Vienna venit etc.

[2]) In den Briefen des Janus Tolophus an Celtes aus den Jahren 1493—1500 in der Celtesschen handschriftlichen Briefsammlung kommt er öfters vor, er wird daselbst von dem Domherrn als sein famulus und familiaris bezeichnet. Opfelbeck nennt ihn mit fingirten Beinamen Matthaeus Allerlay. Im Schreiben des Benedictiners Eras-mus Australis vom St. Emmerans-Kloster in Regensburg an Celtes d. d. Ratisponae die Veneris ante f. Simonis et Judae 1494 scheint geheimnissvoll auch auf ihn angespielt zu sein.

[3]) Odar. lib. II. od. 13. ad Janum Tolophum:

Hic [Ratisponae] tecum, memini, carmina lusimus
Quae tum Nictelius, quae Venus impetu
Suggessere poëtae
Graio ducere spiritu.

Quae tu mox niveo pangere barbito
Sueras, et citharae verba refers tuae,
Interpresque vetustas
Solvis candide fabulas.

Wenn wir geneigt sein könnten, dem Theodorich Ulsen die Legende Pelagius, und dem Janus Tolophus das Martyrerthum des heiligen Dionysius zuzuschreiben, so fehlt es doch an jedem festen und sichern Anhaltspunct, welche Sodales von der rheinischen gelehrten Gesellschaft die Gedichte über die Himmelfahrt Christi, über die Bekehrung des heil. Theophilus und die ähnliche Geschichte, welche in der conversio cujusdam juvenis geliefert wird, geschrieben haben.

Dagegen finden sich schon einige Momente den Martinus Pollichius, aus der fränkischen Stadt Mellerstadt, für den Verfasser des Panegyricus de gestis Oddonis I zu halten. Er gehörte zu den ältesten Freunden des Celtes. Pollichius hatte zwei Decennien hindurch an der Leipziger Universität scholastische Theologie gelehrt: er wandte sich dann dem medicinischen Studium zu und wurde Leibarzt des Kurfürsten Friedrich von Sachsen, mit welchem er auch nach Jerusalem zog. Er zeigte sich sehr eifrig für die Verbreitung des Humanismus und er war es, der bei dem sächsischen Kurfürsten dahin sich verwendete, dass derselbe den Kaiser Friedrich bewog Conrad Celtes zum Dichter zu krönen. Mit seinem Freunde dem italienischen Dichter Fridianus Pighinuccius, der in Diensten des Magdeburger Erzbischofs stand, wechselte er mehrere dichterische Schreiben. Als im Jahre 1502 die sächsische Universität Wittenberg errichtet wurde, ernannte der Kurfürst unsern Martinus Pollichius zum ersten Rector dieser Hochschule und zum beständigen Universitäts-Vice-Kanzler [1]). Unter den der Celtischen Ausgabe der Roswitha beigefügten Epigrammen der Mitglieder der rheinischen Sodalität kommt auch eines von Martinus von Mellerstadt vor, welches lautet:

Gloria quanta fuit magnis Ottonibus armis,
Gloria tanta tibi Roswithae in historia.

Der Inhalt des Panegyricus muss ihm daher näher bekannt gewesen sein. Auch ein Schreiben von Theodorich Ulsenius an Celtes deutet auf die Theilnahme Martins an den Roswitha'schen Dichtungen [2]). Es ist nicht unwahrscheinlich, dass von ihm aus Notizen, welche er im Gandesheimer Kloster gefunden, später das von Celtes nicht edirte

---

[1]) Vgl. Mencken Miscell. Lips. Nov. VII. 309. Klüpfel vit. Celt. I. 64. II. 7.

[2]) Cod. epist. Celt. VI. 41. f. 67. Nachdem Th. Ulsen, von der Cymbrica Barbara gesprochen, fährt er fort: Recepi literas has a M. Mellerstadt et etiam a principibus (Saxoniae), quas longum esset transscribere.

Carmen de primordiis coenobii Gandershemens. gedichtet worden, indem dieses mit dem Panegyricus einen und denselben Verfasser hat [1]).
Der Codex, welchen Celtes von einem in der Paläographie
bewanderten Schreiber hatte fertigen lassen [2]), nach der Schrift des
im St. Emmerans-Kloster zu Regensburg aufgefundenen alten Roswitha'schen Legendenbuches hat sich bis auf den heutigen Tag erhalten.
Die alte Handschrift, welche den Betrug hätte an den Tag bringen
können, wurde vernichtet und an deren Stelle der neue Codex dem
Kloster zurückgegeben. Es war diese ganze Sache vermuthlich ver-
mittelt worden durch drei Freunde des Celtes: durch den Bibliothekar des St. Emmerans-Klosters Erasmus Australis, unter dessen
Obhut die Schriften des Coenobiums waren, durch den Regensburger
Domherrn Janus Tolophus [3]), und vorzüglich durch dessen vertrauten
Gehilfen Matthäus Pappenheim, in dessen Händen die alte Roswitha'-
sche Originalhandschrift sich lange befunden hatte. Ungeachtet aller
Vorsicht und Verschwiegenheit der dabei betheiligten Personen, wurde
der wahre Sachverhalt von einem damaligen Gelehrten, der mit Celtes
vielfach verkehrte und sein eigenthümliches literarisches Treiben
kennen zu lernen Gelegenheit gehabt hatte, entdeckt: und da derselbe mit dem gekrönten Dichter in mancherlei Streitgkeiten ver-
wickelt war, so stand er auf dem Puncte den Betrug zu veröffentlichen. Ladislaus Suntheim von Ravensburg, Hofcaplan des Kaiser
Maximilian I., war von diesem beauftragt worden, überall herum zu
reisen, um historische Documente zu sammeln nicht nur für die
Habsburgische Geschichte, sondern auch zur Vervollständigung der
bairischen und sächsischen Chroniken: dabei sollte auch die burgun-
dische, französische und spanische Geschichte nicht unberücksich-

---

[1]) Vgl. oben S. 21, Not. 4.

[2]) Celtes hatte einen Schreiber Namens Johann Rosenberger, von welchem der Codex der noch ungedruckten Celtesschen griechischen Grammatik geschrieben wurde, nach den darin am Ende befindlichen Worten: γεγραμμενον δια μου Ἰωαννου
ρoσευβεργερ ετει 1500. Vielleicht ist derselbe identisch mit dem in der Celtesschen Briefsammlung vorkommenden Kolberger, der bei Celtes in Verwendung
stand. Vgl. Beil. IV. Den Brief des Anonymus an Celtes d. d. Nürnb. 24. Febr.
1493. (Cod. ep. Cell. III. 6. fol. 20.) In einem andern Briefe des Joh. Cocles
(Löffelholz) aus derselben Zeit wird er Kolher genannt: Cod. epist. Cell. fol. 17.

[3]) Vgl. den Brief Sigmunds Opfelbeck's an Celtes (Cod. epist. Cell. IV. 4. fol. 33.
S. Beil. VII).

tigt gelassen werden. Auf dieser gelehrten Rundreise war von Suntheim auch das Regensburger St. Emmerans-Kloster durchforscht worden und er hatte dort (noch vor dem Jahe 1491) das alte ursprüngliche Roswitha'sche Legendenbuch mit den Notizen über die Thaten
Otto's des Grossen eingesehen. Er war im Stand nach dem von
Celtes besorgten Drucke der angeblichen Roswitha'schen Werke den
litterarischen Betrug nach seinem ganzen Zusammenhange zu über-
blicken und er schien Willens dem Kaiser die Sache mitzutheilen.
Dass dieses nicht geschah, verhinderten die Freunde des Celtes,
welche wie er selbst frühzeitig von dem thätigen und scharfsichtigen
Matthäus Pappenheim gewarnt worden waren. Die kaiserlichen Räthe
Krachenberger, Cuspinian, Matthäus Lang, welche dem gekrönten
Dichter wie dem emsigen Forscher Suntheim gewogen waren, wussten letztern von seinen beabsichtigten Schritten abzuhalten und so
blieb die Sache weiter geheim [1]).

Übrigens entspricht ein litterarischer Betrug, wie ihn Celtes
mit den Dichtungen der Roswitha beging (den er wegen seines guten
Zweckes auch nicht für unrecht hielt), ganz seinem Charakter. Zur
Verherrlichung des deutschen Geistes und Reichs und der poetischen Leistungen seines Vaterlandes in einer Zeit der mittelalterlichen
Jahrhunderte, wo die Italiener bezüglich der classischen Dichtungen
noch weit zurück waren, erlaubte sich unser gekrönter Dichter auch
eine andere Fälschung, welche man schon lange aufgedeckt hat. Wenige Jahre, nachdem die Werke der Roswitha in Druck herausgegeben waren, machte sich Celtes, kühn geworden durch den ersten
Erfolg seiner litterarischen Mystification, daran, die Thaten des berühmten staufischen Kaiser Friedrich I. Barbarossa, welche dieser in
Italien verrichtete, in einem grossen epischen Gedichte in Hexametern
nach Art des Lucanus zu besingen. Er legte dabei einfach die

---

[1]) Über diese Sache gibt mehr Andeutungen als genauen Aufschluss das Schreiben
des Matthäus Marschall von Pappenheim an Celtes im Cod. epistol. lib. XIII. ep. 3.
fol. 148 (v. J. 1503), welcher Brief wegen seiner Wichtigkeit in der Beil. IX
ganz abgedruckt ist.

Historia de gestis Friderici I. Imperatoris von dem Freisinger Bischof Otto [1]) und dessen Fortsetzer Radevicus zu Grunde, umschrieb sie, wie eine „poetische Schulübung" ziemlich breit und ohne weitere geschichtliche Zugaben, in zehn Büchern, welche er für ein Werk des Guntherus Ligurinus, eines Zeitgenossen des Kaisers Friedrich I. ausgab, und durch seinen Freund, den Augsburger Patricier Konrad Peutinger, 1507 ediren liess [2]), angeblich aus einer alten Handschrift, welche er im fränkischen Kloster Ebrach aufgefunden haben wollte. Schon sogleich beim Erscheinen des Buches wurde für dessen Verbreitung in Deutschland von den Freunden des Celtes, namentlich den Mitgliedern der gelehrten Sodalitäten, eifrigst gewirkt: es wurde auf den meisten deutschen Universitäten bei den Vorlesungen über die vaterländische Geschichte als wichtige Quelle aus der staufischen Zeit betrachtet. In Wien las über den Guntherus Ligurinus Celtes selbst, in Freiburg Hieronymus Baldung, in Tübingen Heinrich Bebel, in Ingolstadt Jacob Locher Philomusus, in Leipzig Hermann Bost [3]).

Noch ehe das Buch gedruckt war, hatte schon Heinrich Bebel 1504 die Aufmerksamkeit darauf in überschwänglicher Lobpreisung zu erregen gesucht [4]). Ungeachtet man von Günther Ligurinus sonst

---

[1]) In einem Schreiben des Jacob Wimpheling an Celtes d. d. Nemeto (Speier) 5. Jan. 1496 (Cod. ep. Celt. VI. ep. 10 fol. 64) kommt die Stelle vor: Ego jam occupor in castiganda historia Ottonis Phrisingensis eras nostro praeposito mittenda. O utinam ut alterum habeamus exemplar, magis castigatum. *Tu de hoc cogitabis.* Die Editio princeps von Otto Frising. hat nach des Celtes Tod dessen Freund Joh. Cuspinianus Argent. 1515. fol. besorgt.

[2]) Guntheri Ligurini de gestis Friderici primi Augusti libri X. carmine heroico conscripti nuper apud Francones in silva Hercinia Druidarum Eberacensi coenobio a Conrado Celte reperti, postliminio restituti. August. 1507. m. Aprile. fol. Die Praefatio geht aus von den Humanisten Marquard. de Stain, *Matthaeus Marschalck*, Bern. et Conr. Adelmann de Adelmansfelden, Conr. Peutinger und Georg Herbart. Vgl. Klüpfel vita et scr. C. Celtis II. p. 123 fll.

[3]) Vgl. den Schluss der Vorrede zum Ligurinus.

[4]) Henric. Bebel. (Professor in Tübingen) schrieb 1504 an Nauclerus (Bebel. Grammatical. II.) Nullus apud Germanos ad nostra usque tempora repertus est, quod ego sciam, qui priscam eloquentiam, sermonemque ex omni parte purum expresserit, nisi forsan mihi nondum visus quidam Christianus vel ut alii volunt Gunterus Allemannus, qui duodecim libris Friderici gesta complexus heroici carminis ardore, eloquio atque historica veritate, eloquio quoque non vulgari. sed

nichts anzugeben wusste, und es klar am Tage lag, dass nur Otto von Freisingen und sein Fortsetzer Radevicus paraphrasirt waren, so zweifelte man doch anfänglich nicht, dass er eine echte alte Quelle sei. Erst Senckenberg im 18. Jahrhundert hegte Zweifel an der Echtheit. Obschon das Buch schon öfter gedruckt war, wurde es noch im 19. Jahrhundert im J. 1812 wiederum veröffentlicht. Erst in den letzten Decennien hat die historische Kritik unwiderlegbar die Fabrikation nachgewiesen. Jacob Grimm [1]) meint, „Celtes oder einer seiner Freunde und Genossen könnte den Ligurinus gedichtet haben, dem mehr der Ausgang des XV. Jahrhunderts entspricht, als des XII. Keine einzige Handschrift des Gedichts ist an den Tag gekommen, so wenig, als des zu Eingang und am Schluss erwähnten Solymarius, worin der Kreuzzug unter Konrad III. besungen und welcher dem gleichnamigen Sohn Friedrichs I. gewidmet sein soll." Wattenbach [2]) hält den Ligurinus für unecht und vermuthlich von Celtes selbst verfasst: und findet darin ein merkwürdiges Zeichen, wie gut es ihm gelungen, eine lebendige Anschauung der mittelalterlichen Zustände sich zu erwerben.

Auch mit Schriftstellern des Alterthums beabsichtigte Celtes einige litterarische Mystificationen, jedoch erkannte er bald, dass er hier seine Kräfte und Geschicklichkeit überschätzt hatte, und indem er befürchtete, dass der kühne Betrug nicht unentdeckt bleiben möchte, stand er von seinem Vorhaben ab.

Die eine dieser beabsichtigten Fälschungen betraf den römischen Dichter Ovidius, dessen Dichtungen über die Liebe er in seinen libris Amorum oder Reisebildern glücklich nachgeahmt hatte. Auch hatte er sich schon in früherer Zeit lange mit den sechs vorhandenen libris Fastorum desselben Dichters beschäftigt und er gedachte sie mit Illustrationen versehen herauszugeben [3]). Später aber machte er einen Schritt weiter: er wollte eine von dem römischen Dichter

---

erudito et diserto *Lucanum* ipsum effusisse esseque aemulatum felicissime praedicatur, cujus Dei dent, ut aliquando opuscula in lucem prodeant.

[1]) Gedichte auf K. Friedrich I. in den klein. Schrift. III. S. 13.

[2]) Deutschlands Geschichtsquellen. S. 2.

[3]) Klüpfel vit. Celt. II. 147 auf den Brief des J. Tolophus gestützt, sagt Cod. epistol. Celt. lib. III.: Intelligimus Celtem Norimbergae (1493) cum haereret, in eo fuisse, ut antiquorum deorum prosapiam (Mythologiam) et Fastorum sex libros imaginibus illustrandos curaret.

angeblich verfasste Dichtung aufgefunden haben und sie ediren.
Ovids Fasti, wovon wir nur die sechs ersten Bücher noch besitzen
(wahrscheinlich hatte der Dichter nicht mehr geschrieben [1]) wollte
er ergänzen durch die sechs folgenden Bücher. Er behauptete, sie
in einem schwäbischen Kloster in der Nähe von Ulm aufgefunden zu
haben [2]), und meldete den angeblichen Fund dem bekannten Venetianischen Buchdrucker Aldus Manutius, seinem humanistischen
Freunde, wohl in der Erwartung, dass ihm dieser eine ansehnliche
Summe für die Überlassung des Codex zum Abdruck anbieten werde.
Celtes hatte dem Manutius die ersten Verse aus der Handschrift,
welche er zu besitzen vorgab, mitgetheilt [3]): wenn der Venetianer
Buchdrucker auf die Sache einging, so wollte sich der Dichter an
das Werk machen. Manutius aber wünschte, ehe er den Druck über-
nahm, den Codex selbst einzusehen, da ihm die Verse verdächtig,
keineswegs ovidisch schienen [4]). Celtes war durch diesen Ausspruch
des Italieners gewarnt, und er hielt es für rathsam, sich nicht in
einen solchen kühnen Versuch einzulassen, wo der erste Schritt
schon so grossen Verdacht erregt hatte. In Wahrheit wäre Celtes
auch gar nicht einer solchen Unternehmung gewachsen gewesen: es

---

[1] Es unterliegt wohl keinem Zweifel, dass Ovid die libri Fastorum, welche er erst in
seiner späten Lebenszeit begonnen hatte, nicht vollendet hat, da ihm in seinem
Exil an der Küste des schwarzen Meeres dazu die Hilfsmittel fehlten. Die Fasti
sollten Aufschluss geben über die Verbindung der römischen Staatsreligion und
Geschichte mit dem täglichen Leben.

[2] J. F. Gronovius schrieb dem Nicolaus Heinsius, dass er in Nürnberg eine alte Ausgabe des Ovidius eingesehen, worin Celtes mit eigener Hand eingeschrieben habe,
dass die sechs letzten libri Fastorum Ovidii an einem Orte bei Ulm aufbewahrt
würden: es seien daselbst auch die zwei ersten Verse aus dem Codex beigefügt.
N. Heinsius schenkte der Sache keinen Glauben: er meint, Celtes könnte wohl von
Jemand mystificirt worden sein. Vgl. Fabric. Bibl. latin. T. V. und Klüpfel vit.
C. Celt. II. 163.

[3] Tu quoque mutati causas et nomina mensis
        A te qui sequitur maxime Caesar habes.

[4] Das Schreiben des Aldus Manutius an Celtes d. d. Venet. 3. Sept. 1501 findet sich
in Cod. epistol. Celt. ep. 6. fol. 133 (auch gedr. bei Rénouard annales de l'impri-
merie des Aldes. T. III. p. 275): Rogo te, ut librorum Graecorum, quos apud
Druidas esse scribis, des ad me nomina, cures praeterea accuratissime, ut habeas
ultimos illos Fastorum libros. Quamquam ita sum videndi ipsorum cupidus, ut ad-
duci non possim, ut extare eos credam. Nam versiculis illis duobus de mensi Julio
non habeo fidem, quare velim si quos alios habes ad me mittas.

gehörte dazu nicht blos poetische Begabung und innige Vertrautheit mit der Ovidischen Sprache, (welche Vorzüge der Humanist hatte), sondern auch ein tüchtiges astronomisches Wissen [1]) und genaue Kenntniss der römischen Staats- und Religions-Alterthümer, die er nicht in dem erforderlichen Grade besass.

Ähnlich wie mit den Ovidischen Fasten mag es sich mit einem andern Werk eines alten Schriftstellers verhalten haben, dessen Herausgabe Celtes angekündigt hatte, ohne dass er jedoch später sein Versprechen erfüllte. Als er im Jahre 1497 von L. Apulejus, dem Neuplatoniker, die Cosmographia edirte [2]), versprach er in dem Vorworte, dass er von demselben Schriftsteller ein anderes Werk, nämlich die libri de Platonica majestate et sublimitate publiciren wollte [3]). Nun findet sich aber unter den Apuleiischen Schriften keine solche mit dem angeführten Titel: es kommen allerdings Fragmente aus dem Werke des Apulejus de habitudine, doctrina et nativitate Platonis philosophi sive de dogmate Platonis libri tres vor: es ist diese Schrift eigentlich eine Einleitung in die platonische Philosophie und man bestreitet gegenwärtig, ob sie von Apulejus geschrieben worden, jedenfalls ist ein Theil davon (das dritte Buch) unecht [4]). Es ist wahrscheinlich, dass Celtes eben aus den vorhandenen fragmentarischen Excerpten ein Werk, welches er dem Apulejus beilegen wollte, zu schreiben beabsichtigte. Er gab die Sache aber später wieder auf.

Dass Celtes auch die Fabeln des Phaedrus, deren Echtheit bestritten wird, zuerst an die Öffentlichkeit gebracht habe, wie

---

[1]) Vgl. Ideler über Ovids Fasten (Abhandl. in der Berlin. Akad. der Wissensch. 1822.)

[2]) Luc. Apuleji Platonici et Aristotelici philosophi Epitoma divinum de Mundo seu Cosmographia ductu Couradi Celtis : impressum Vieunae (1497). fol. Vgl. Denis Wien. Buchdr. Gesch. S. 8 und Klüpfel vit. Celt. II. p. 50 über diese seltene Ausgabe. Diese Apuleische Cosmographia ist eigentlich eine freie Bearbeitung der sogenannten aristotelischen Schrift περὶ κόσμου, welche jedoch auch für unecht und für eine Übersetzung des lateinischen Werkes gehalten wird. Vgl. Hildebrand de vita et scriptis Apuleji. Hall. 1835 und Béloland les ouvrages d'Apuleje. Paris 1835.

[3]) In dem Dedicationsschreiben des Celtes an die kaiserlichen Räthe Fuxmagen und Krachenberger wird am Schlusse gesagt: Iterum valete, *reliquos Apuleji libros de Platonica majestate et sublimitate* nostramque de Phoebo et Marte mythologiam lecturi.

[4]) Vgl. Hildebrand u. Béloland a. a. O.

manche behaupten, dürfte eine ziemlich unverbürgte und daher auch
zu verwerfende Nachricht sein [1]). Wäre Celtes in Wahrheit der
erste gewesen, welcher die Phädrischen Fabeln ans Licht gestellt,
so würde allerdings die Provenienz dieselben verdächtig machen [2]),
da der gekrönte Dichter sonst sich mehrfache litterarische Täuschun-
gen hat zu Schulden kommen lassen.

Conrad Celtes lebte in einer Zeit, wo in Deutschland und
Frankreich wie in Italien eine wahrhafte Jagd nach alten Handschriften und deren Veröffentlichung durch den Druck an der Tages-
ordnung war und zwar forschte man nicht allein nach Codices der
classischen Litteratur, sondern auch nach Manuscripten, welche das
frühere Mittelalter betrafen. Wichtige alte Schriften zuerst zu ediren,
wurde nicht nur für höchst verdienstlich erachtet, sondern machte
auch einen Namen. Talentvolle Gelehrte, welchen keine alten Codices
zu Gebote standen, fabricirten nicht selten mit Geschick Schriften,
welche sie für Werke alter Scribenten ausgaben und erlangten durch
ihre Veröffentlichung Ruf in solchem Grade, wie sie durch Herausgabe ihrer eigenen Schriften unter ihrem Namen, ihn kaum hätten
erreichen können.

Ein so begabter Dichter, wie Celtes war, der aus kaiserlichen
Händen den Apollinarischen Lorber empfangen hatte, konnte die mit
seinem Namen versehenen eigenen poetischen Productionen grösseren
Umfangs lange nicht zum Drucke bringen. Endlich gelang es ihm
einen Theil derselben, die libri Amorum oder Reisebilder, mit kaiser-
licher Unterstützung zu veröffentlichen im Jahre 1502. Seine Oden und

---

[1]) Saxii Onomastic. litterar. II. p. 502. Christ, Prolusio de Phaedro ejusque fabulis.
Lips. 1746.

[2]) Endlicher in Hormayrs Archiv XII. S. 418 verwirft mit Recht die Angabe, dass
Celtes die Phädrischen Fabeln aufgefunden habe, aber seiner beigefügten Bemerkung ist nicht beizustimmen: „Wenn die Sache (mit der Auffindung durch Celtes)
richtig wäre, so würden die Zweifel an der Echtheit der Phädrischen Fabeln ge-
hoben sein."

Epigramme musste er ungedruckt liegen lassen; erst fünf Jahre nach seinem Tode veranstaltete (1513) eine Anzahl Freunde den Druck der Oden; die Epigramme aber sind bis auf den heutigen Tag noch nicht edirt worden [1]). Indem die libri Amorum wie die Oden nur ein einziges Mal gedruckt wurden und zwar in einer mässigen Auflage (daher sie auch zu den typographischen Seltenheiten gehören), erhielten die von ihm gefälschten Werke der Roswitha und des Guntherus Ligurinus eine grosse Verbreitung und bis in das neunzehnte Jahrhundert liegt eine Anzahl Ausgaben von ihnen vor. Die dichterische Bedeutung des Celtes selbst und seine Verdienste um die Verbreitung des Humanismus in Deutschland würden ziemlich der Vergessenheit anheimgefallen sein, hätten die angeblichen Werke der Roswitha und des Ligurinus das Andenken an den ersten gekrönten Poeten Deutschlands, von dem man meinte, dass er so interessante mittelalterliche Werke aufgefunden und uns erhalten habe, nicht immer wieder erneuert und seinen Namen in lebhafte Erinnerung gebracht.

In vorstehender Abhandlung hätten vielleicht einige Puncte, die jedoch nicht gerade zu den wichtigeren gehören, eine nähere Erörterung und umständlichere Darlegung verlangt. Solche Ausführungen lassen sich aber nur in einer Biographie des Conrad Celtes liefern, worin der Studiengang und die Begabung des Dichters, seine vielfachen Beziehungen zu den Gelehrten seiner Zeit, seine grossen Verdienste um die Verbreitung des Humanismus, seine dichterischen und anderen Werke allseitige und erschöpfende Be-

---

[1]) Schon im Jahre 1500 schrieb der Lübecker Syndicus Petrus an Celtes (Cod. epistol. Celt. lib. X. ep. 20): Cum nuper in librum Abbatis Spanhamensis, quem ille de scolasticis scriptoribus edidit, incidissem teque inter alios claros viros offendissem, miratus vehementer sum, quod opera tua in lucem non edis, *quatuor amorum libros* secundum quatuor Germaniae latera cum urbibus, fluminibus, populis et aliis memorabilibus, *quinque epigrammatum libros* singulis centenis epigrammatibus descriptos: *odarum libros quatuor*, item *Norimbergae situm et mores totamque illustratam Germaniam*, quam forte adhuc in manibus tenes.

rücksichtigung finden. Eine kritische Geschichte des ersten gekrönten deutschen Dichters und eifrigen Stifters mehrerer gelehrten
Sodalitäten wird vorzüglich aus dem brieflichen Verkehre, in welchem
er mit seinen Zeitgenossen stand, die wichtigsten Daten gewinnen.
Zu einer derartigen Biographie und vollständigen Würdigung des
Conrad Celtes einen Beitrag zu liefern, lag zunächst in der Absicht
des Verfassers dieser Untersuchung.

Beilagen.

I. a.

Charitatis (de familia Pirkheimerorum) epistola ad Conradum Celtem.

Charitas soror Conrado Celti. Illum cui ex charitate nimia cru-
cifigi complacuit loco charitativae salutis. Remitto tibi germane
Celtis, carmina devotissima Prudentii poëtae christianissimi, peroptime mihi placentia. Repperi inter alia quam plurima, quae per circu-
lum anni in nostro choro decantantur, licet autorem illorum usque
huc ignoravi. Volumen vero egregium patris sanctimonialium Theo-
phrasti sc. domini *Hieronymi*, cupio si placet diutius reservare, videor enimvero thesaurum invenisse pretiosissimum in legendo scripta
suavissima eiusdem patris sanctissimi, qui mihi ipsum reddunt super
omnes sanctos amabilem. Immortales gratiarum actiones mille mille-
sies replicatas corde magno affectuque anheloso tuae refero ingenuae
humanitati: qua me nec non et *germanam nostram Claram* saepis-
sime sacris literis consolari conaris, in quibus delectamur sic qui
invenit spolia multa, quia in illis delectatio bona, thesaurus vitae,
et divitiae salutis. Et licet ambae, ut nosti, simus simplices ac
ydiotae tum iuxta modulum nostri ingenii legimus cupidissime ea
quae ad salutem nostram scripta sunt. Salutes plurimas ex parte
nostra dicito uxori N. filiabusque suis amantissimis. Utinam vixissemus
diem illum, quo una vel plures ex illis aeterno et immortali sponso
sacro velamine consecrentur. Dabis veniam meis incultis atque in-
congruis literis., quas ideo ad te depinxi, ut habeas occasionem
corrigenda meam rusticitatem ceterasque incongruitates in lingua
latina, in qua minime sum perita, cum nullum unquam habuerim
praeceptorem, sed te germanum meum amantissimum non solum
amplector fraterna charitate ut meum fratrem unicum, sed etiam
veneror ut patrem meum fidelissimum praeceptoremque meum colen-
dissimum, cujus correctioni per omnia me humillime subicio, desi-

deroque cordicitus, ut aliqua nacta opportunitate, non dedigneris ve-
nire ad nostram informationem, quia etsi quid modicum, mediante
dei gratia, ex divina scriptura intelligo, tamen nescio intellecta,
etiam mentibus juvencularum meae eruditioni commissarum impri-
mere. Re vera res esset magnae utilitatis, ut ingeniosae virgines divino
cultui diu noctuque mancipatae, talem haberent praeceptorem, qui
doceret eas mel sugere de petra oleumque de saxo durissimo, alioquin
frequenter psallere et fructum psalmodiae non posse carpere, quam
taediosum sit, ipse cogitare potes. Aliud nihil pro praesenti, sed
altissimum deprecor, ut cunctorum bonorum desiderorum tibi con-
cedere dignetur complementum. Vale in gratia Dei et memento mei.
1502.

    (Celtic. cod. epistolar. lib. XII. ep. 12. Fol. 143).

I. *b.*

Ad Charitatem de familia Pirkheimerorum Sanctimonialem ord. S. Clarae
Norimbergae professam Conradi Celtis carmen.

> Virgo, Romana bene docta lingua,
> Virginum clarum instar, et corona,
> Hoc meum parvum, rogo, fronte laeta
>   Suscipe donum.
>
> Quo tuae laudes patriae videbis,
> Et leges, quanto niteat decore,
> Qualis et sancti fuerit beata
>   Vita Sebaldi.
>
> O soror, nostris merito Camenis
> Digna, et aeterno mihi vincta amore,
> *Charitas* lingua mihi dans latina
>   Candida verba.
>
> Teutonis rarum decus es sub oris,
> Virgo Romanis similis puellis,
> Quas vel Hispanis tenuit, vel olim
>   Gallia claustris.
>
> Docta tu doctum sequeris parentem,
> Qui fuit legum, canonum et peritus;

Praesulum charus, Ducibus que nostris
Saepe patronus.
Docta tu fratrem Bilibaldum in urbe
Norica doctum sequeris pudica,
Graece qui claro ingenioque miscet
Scripta Latinis.

Nuper in diros cecidi latrones,
Aurum et argentum mihi qui auferebant,
Et dabant nostro truculenta saevi
Verbera tergo.

Dulce solamen mihi epistola mox
Virgo reddebas variis medelis,
Quae mihi tristes pepulere et acres
Mente dolores.

Hinc tibi grates meritas rependo,
Virgo Germanae decus omne terrae,
Charitas nostra recolenda semper
Pectore virgo!
Tuis sanctis et sororum tuarum orationibus me commendo.

II.

Sodalitatis litterariae (Celticae sive Rhenanae) epigrammata in opera
Roswithae.

1. *Joannes Dalburgius,* Wormatiensis Episcopus, sodalitatis litterariae per universam Germaniam Princeps

Quae paucis aetas concessit patria sexus,
Roswitha virgineo praestitit ingenio.

Aliud ejusdem:

Afro laus scenae, lyra Flacco, bella Maroni:
Multiplicem laurum Roswitha docta gerit.

2. *Joannes Trithemius,* Abbas in Sponheim.

Cur non laudemus Germanae scripta puellae?
Quae si Graeca esset, jam Dea certa foret.
Adde, quod hos cecinit quam prisco tempore versus,
Hinc sexcenteno Phoebus ab orbe redit.

4 *

3. *Henricus de Bunaw* (miles et orator Friderici Saxon. electoris).

> Quantum Germanis faveant pia numina coeli,
> Hac nunc in docta virgine nosse potes.
> Haec veteres sanctos vates veneranda recenset:
> Et plus quam Sappho carmina casta canit.

4. *Hololykos de Stein*, alias *Eytelwolf* (Eques Suevicus).

> Hac de Germana quid Graie, quid Itale sentis?
> Non minus ac vestrae verba latina canit.

5. *Bilibaldus Pirkhamer*, *Norimbergensis*.

> Εἰ Σάπφω δεκάτη Μουσάων ἐστὶν ᾀδόντων,
> Ῥόσβιθ' ἑνδεκάτη Μοῦσα καταγράφεται.

Traductio: Si Sappho decima est Musarum dulce canentum:
Roswitha scribenda est undecima Aonidum.

6. *Joannes Tolophus*, *Praepositus*.

> Ut lyra Threiicio concessit carmina vati,
> Quae micat arctoo fulgida stella polo:
> Haec eadem influxit Roswithae verba chelinque
> Nata ex Saxonicis casta poëta plagis.

7. *Henricus Groninger* (Monacensis).

> Invide, divinos non cessas carpere vates,
> Tanquam mendaces vaniloquosque viros?
> Nonne vides, quantum haec monialis carmine possit,
> Historias sacras virgo diserta canens?

8. *Joannes Wernerus*. (Norimberg. Mathematicus).

> Roswitha Germanis nunc maxima gloria terris
> Carminibus Latios nectere docta modos:
> Nec minus et voces describit culta solutas,
> Libera Terentii comica facta sequens.

9. *Martinus Mellerstadt*, alias *Polichius, medicus*.

> Gloria quanta fuit magnis Ottonibus armis,
> Gloria tanta tibi Roswitha in historia.

10. *Conradus Celtes*.

> Si proba magniloquum cogens centone Maronem,
> Atque aluit, doctum quos tulerat Latium:
> Hanc nostram legerent Saxono sanguine cretam:
> Nostrae laudassent carmine vatis opus.

11. *Joannes Lateranus* (alias Ziegler).
Olim in arctoa generata terra
Saxonae gentis generosa virgo,
Cujus antiquum memoratur esse
Roswitha nomen.
Illa divinos cecinit calores,
Martyrum faustas modulata vitas,
Arte quam magna Druidumque gesta
Docta recensct.
Quam sacro denam numero sororum
Phoebus adscripsit miserans laborum
Et sibi dignos cumulans honores
Laude perenni.

12. *Joannes Stabius , Mathematicus Ingolstadiensis.*
Barbara nostra licet dicatur patria tellus
Expers et Graji dogmatis et Latii:
Attamen hoc calamo potuit Germana virago
Roswitha, quod Latii vix potuere viri.

13. *Urbanus Prebusinus* (Ingolstad.)
Quanta fuit Grajis Sappho doctissima Musis:
Tanta fuit Latiis Roswitha carminibus.

14. *Sebastianus Sprentz* (Sperantius, Dinkelspühelensis).
Claruit ut quondam septenis Graecia sophis,
Extulit ut vates inclyta Roma suos:
Sic decus et patriae splendos celebratur in oris,
Roswitha Germanis digna puella legi.

III. *a.*

Hrotsvithae Praefatio (in comoedias).

Plures inveniuntur catholici, cujus nos penitus expurgare ne-
quimus facti, qui pro cultioris facundia sermonis gentilium vanitatem
librorum utilitati praeferunt sacrarum scripturarum. Sunt etiam alii,
sacris inhaerentes paginis, qui, licet alia gentilium spernant, *Terentii*
tamen figmenta frequentius lectitant, et dum dulcedine sermonis de-
lectantur, nefandarum notitia rerum maculantur. Unde ego, *Clamor
validus Gandeshemensis*, non recusavi illum imitari dictando, dum

alii colunt legendo, quo eodem dictationis genere, quo turpia lascivarum incesta feminarum recitabantur, laudabilis sacrarum castimonia virginum juxta mei facultatem ingenioli celebraretur. Hoc tamen facit non raro verecundari gravique rubore perfundi, quod, hujusmodi specie dictationis cogente, detestabilem inlicite amantium dementiam et male dulcia colloquia eorum, quae nec nostro auditui permittuntur, accommodari dictando mente tractavi et stili officio designavi. Sed [si] haec erubescendo neglegerem, nec proposito satisfacerem, nec innnoccentium laudem adeo plene juxta meum posse exponerem, quia, quanto blanditiae amantium ad illiciendum promptiores, tanto et superni adjutoris gloria sublimior et triumphantium victoria probatur gloriosior, praesertim cum feminea fragilitas vinceret et virilis robur confusioni subjaceret. Non enim dubito, mihi ab aliquibus obici, quod hujus vilitas dictationis multo inferior, multo contractior penitusque dissimilis ejus, quem proponebam imitari. Sit, sententiis concedo: ipsis tamen denuntio, me in hoc jure reprehendi non posse, quasi his velle abusive assimilari, qui mei inertiam longe praecesserunt inscientia sublimiori. Nec enim tantae sum jactantiae, ut vel extremis me praesumam conferre auctorum alumnis, sed hoc solum nitor, ut licet nullatenus valeam apte, supplici tamen mentis devotione acceptum in datorem retorqueam ingenium. Ideoque non sum adeo amatrix mei, ut pro vitanda reprehensione, Christi, qui in sanctis operatur, virtutem, quocumque ipse dabit posse, cessem praedicare. Si enim alicui placet mea devotio, gaudebo, si autem, vel pro mei abjectione, vel pro vitiosi sermonis rusticitate, nulli placet, memet ipsum tamen juvat, quod feci, quia, dum proprii vilitatem laboris, in aliis meae inscientiae opusculis heroico ligatam strophio, in hoc dramatica junctam serie colo, perniciosas gentilium delicias abstinendo devito.

III. b.

Epistola Hrotsvithae ad quosdam sapientes hujus libri (comoediarum) fautores [1].

Plene sciis et bene moratis nec alieno profectui invidentibus, sed, ut decet vere sapientes, congratulantibus, Hrotsvith, nesciola nullaque probitate idonea, praesens valere et perpes gaudere. Vestrae igitur laudandae humilitatis magnitudinem satis admirari nequeo,

---

[1] Celtes fügt bei: et emendatores, prius quam libros suos ederet.

magnificaeque circa mei utilitatem benignitatis atque dilectionis ple-
nitudinem condignarum recompensatione gratiarum remetiri non suf-
ficio, quia, cum philosophicis adprime studiis enutriti et scientia
longe excellentius sitis perfecti, mei opusculum, vilis mulierculae,
vestra admiratione dignum duxistis, et largitorem in me operantis
gratiae fraterno affectu gratulantes laudastis, arbitrantes, mihi in-
esse aliquantulam scientiam artium, quarum subtilitas longe prae-
terit mei muliebre ingenium. Denique rusticitatem meae dictatiuncu-
lae hactenus vix audebam paucis ac solummodo familiaribus meis
ostendere; unde paene opera cessavit dictandi ultra aliquid hujusmodi, quia, sicut pauci fuere, qui me prodente perspicerent, ita
non multi, qui, vel quid corrigendum inesset, enuclearent vel ad
audendum aliquid huic simile provocarent. At nunc, quia trium testimonium constat esse verum, vestris corroborata sententiis, fidu-
cialius praesumo, et componendis operam dare, si quando Deus
annuerit posse, et quorumcumque sapientium examen subire.
Inter haec diversis affectibus, gaudio videlicet et metu, in diver
sum trahor; Deum namque, cujus solummodo gratia sum id, quod
sum, in me laudari cordetenus gaudeo: sed major, quam sim, videri
timeo, quia utrumque nefas esse non ambigo, et gratuitum dei donum
negare et non acceptum accepisse simulare. Unde non denego, praes-
tante gratia creatoris per dynamin me artes scire, quia sum animal
capax disciplinae, sed per energiam fateor omnino nescire. Perspi-
cax quoque ingenium divinitus mihi collatum esse agnosco, sed ma-
gistrorum cessante diligentia, incultum et propriae pigritia inertiae
torpet neglectum. Quapropter, ne in me donum dei annullaretur ob
neglegentiam mei, si qua forte fila vel etiam floccos de panniculis,
a veste philosophiae abruptis, evellere quivi, praefato opusculo inse-
rere curavi, quo vilitas meae inscientiae intermixtione nobilioris ma-
teriae illustraretur, et largitor ingenii tanto amplius in me jure lau-
daretur, quanto muliebris sensus tardior esse creditur. Haec mea in
dictando intentio, haec sola mei sudoris est causa, neque simulando
me nescita scire jacto, sed quantum ad me tantum scio, quod nescio.
Quia enim attactu vestri favoris atque petitionis arundineo more in-
clinata, libellum, quem tali intentione disposui, sed usque huc pro
sui vilitate occultare, quam in palam proferre malui, vobis perscru-
tandum tradidi, decet, ut non minoris diligentia sollicitudinis eum
emendando investigetis, quam proprii seriem laboris. Et sic tandem

ad normam rectitudinis reformatum mihi remittite, quo, vestri magisterio praemonstrante, in quibus maxime peccassem, possim agnoscere.

IV.

(Joannes Cocles) Conrado Celtis laureato poëtae suo charissimo.

Salus meo Conrado. Scriptis quas a tuo puero accepi, te verum poëtam expertus, aut enim prodes aut delectas. Prodes quidem qui veritati non pepercisti et convitio illo me latrasti. *De Germania tua hactenus tamquam cultor litterarum et meos et creditos mihi libros tamquam margaritam tractavi.* Sed hanc chartulam cum cuidam pictori egregio alicui exta liniamentis effingendam traderem, casu in manus domini Georii de Lapide et aliorum me absente incidit: a quibus adeo turpiter sordidata, ut nihil supra. Item punctis ipsam perforatam non vidi. Sed suspicor ab ipso Kolberger, quam jussu tuo tibi mittendam tradidi, ipsam taliter perforatam. Quicquid sit, si peccavi, veniam peto. Nam revera in me sola ea culpa est, quia aliis eam poetis tractandam credidi. Vale mi Conrade et in futurum cautius me agere experieris. Salutare volo dominum doctorem *Joannem Tollhopff.* Ex Nurinberg, 24. Februarii 93. Puer tuus scilic. cartam cum Kolberger vidit, qui eam acubus transfixit.

[Celtic. Cod. epistolar. lib III. ep. 6. Fol. 20.]

V. a.

Ulscnius medicus domino Conrado poetae digno ac docto studiorum nostrorum amatori familiariter sanitatem utramque optat.

Militi illi, charissime frater, placere cupio et quidem plurimum ut viro tum magnifico tum literato ac docto: sed nescio quibus vel malis auspiciis bis terque quaterque consitus pro consultando aut absens fuit, aut minus rei nostrae respondens: quamquam et plane illi injecerim praesente medico opus esse, qui ebdomatim immo dietim illi adsisteret ut cronico ut perdifficilis morbi possessori. Res est laboris plena, sed non desperationi linquenda: mihi credat, plurimum cum ipsum per medicinam salutis manere: ut robustum et tum qui rationi ac arti obtemperaturus sit: velim itaque constanter de me id permittas, quod possit de quocumque medico permitti: ne (ut tuis utar verbis) quaerelae locus relinquatur, non quod non satis pro coepto qualicunque munere laboraverim: casum vero in terminis collegi, extendi et qua via curanda sit, instruxi, insomnes noctes duxi: nihil est quod de me querantur, nisi malint *barbari* quam *babari* nuncupentur. Ego etiamvero (ut ipse nosti) maiori sum addictus provinciae: ad quam si declinaverit, non caruisse se et hospitio et suffragio et sentiet et dicet. Quod de re tua scribam, nihil est *quam ut omnino sileas et moreris me.* Dabo operam, ut aliquid quod h$\widetilde{\text{ris}}$ sim: *tota tua Barbara Cymbrica inter aniles fabulas* cogatur perpetuo versare. Vale et Φρισιω tuo compatere, quia semper quod ceteri venialiter ille mortaliter peccat. Norimbergae 92.

[Celtic. cod. epist. lib. II. ep. 12. Fol. 17.]

V. b.

Ulsenius domino Conrado Celti philosopho et poetae insigni ad Babaricum Engistadium bonarum artium Gymnasiarchae.

Super quam ante delectaverunt me literae tuae Phoebo plenae et Musis studiorumque tuorum testes. Quod autem scribis iam profectionem meam maturandam esse, non est quod fieri queat: tum quia sum visurus aliquod templum Apollini Noricio sacrum, tum partes tuas etiam ad finem, non dicam funem exacturus. Sylleniis ille naribus insignis Grammatico Phoebea post missam suam me valedictione ac extrema cerimonia non dedignabitur: Bachi non nullus quam Apollinis dignus pontifex: poterit namque pro vicinitate templorum utrique sacerdotio percomode inservire: sed haec aliunde et abunde scribenda et canenda. *Credo ego nec dubito Cymbricam tuam Barbaram plurimam eius comodi pleni (verius arborticios) aliquid digne enixuram: Nemesi vero matre orta est, patrem te geris (si recte sentio) non omnino inertem ad ulciscendas iniurias, nec segnem prorsus atque stupidum,* sed longius divagor. Facit hoc Nurinberga tua cuius honoris expectatio vel inanis mihi quotidie atque in dies magis videtur quam captionem illam et neglectum agere non sis nescius. Est genus hominum vilium quod nonnisi lacessitam ad benefaciendum agitatur, tu me iam intelligis. Unum te latere nolo, nos non penitus disiungendos esse... Vale. Ex Nurnberga 16. Augusti mensis. L. Vallam videre cupio de donatione Constantiniana. Norimbergae 94.

[Cod. Celt. epist. lib. IV. ep. 11. Fol. 37.]

VI.

Johannes de Monte Argenteo artium medicinae et doctrinarum professor spectabili et egregio viro domino Conrado Celti omnium doctrinarum erudito poetaeque laureato domino suo colendo.

— — Jam vero tanta mansuetudine, tanta humanitate donatus es, ut beatissimus esse viderer, si mihi Friburgi tecum commorandi aliquantisper daretur consuetudo. Accedit igitur quantum gaudii, quantum voluptatis attulerit, id quod nullis possum consequi verbis, quod tanti viri amicitiam diis faustis ac felicibus sum assequutus. Sed de his ne plura dixerim, non enim tuis in laudibus versandum direxi, verum his quorum ut satyri ymagines lambunt hederae sequaces et quorum ingenia gravitate et copia dedi praestant, reliquendum censui. Ad id itaque, quod mecum institui, sermonem conferam: si ad Friburgum, quo te cathedralis ornet dignitas, anhelare jusserim: quo mihi plurimum ex te literatoria contentione dignitatis et scientiae posset accedere. Opidum enimvero tamen optimum est, et fertile, ut amoenitate situs, et varietate fructuum et amplitudine pastionis facile omnibus Germaniae locis antecellat. Deinde ex ordinibus homines ibi adeo gnavi, adeo industrii, ut si rerum nostrarum utilitatem intuemur, ipsi ex mortalibus nos immortales efficient. Quodsi tuo studio, labore, consilio adepti fuerimus: ego quidquid possum officio, amore, potestate, auctoritate, fide, constantia, hoc polliceor ac defero. Vale igitur nunc *cum tua Roswitha et mei summique Mecenatis nostri Hartmanni memoriam ullam tecum obmutescat oblivio.* Ex Basilea 4. Nonas Septembres anno 1494.

[Celtie cod. epist. lib. IV. ep. 18. Fol. 39.]

VII.

Sigismundus Opfelpekh, procurator Ratisbonens., doctissimo poetarum domino Conrado Celti gymnasii Ingolstatiensis ordinario dignissimo domino et praeceptori suo observandissimo.

Excellentissime vir, scripta vestra intellexi et sicuti praescripsistis cera rubra more solito et annulo sigilli vestro literas per *Tolhophum* signatas signavi et praesentavi. *Australem* quoque fratrem *Erasmum* in coenobio S. Emerani personaliter *tractatulos* praesentando visitavi illique intentionem vestram declaravi, qui licet adhuc infirmus ad preces tum meas ipse vobis rescripsit. *Matthaeus* Allerlay modo ex Vienna venit. Et quando cum sexterniculis ac aliis petitis illi commissis proceditur, idem ut pollicitus est, rescribit. Literas ex Vienna attulit *Matthaeus.* A quo datas ab intra videbitis. Tollhophus pariter scripsit. Alia ex Tolhopho habere nequivi. Sic illis expeditis, quod ultra velitis, mandetis fratrem ac alios juvenes meos prout confido unacum magistro Andrea (sc. Stiborio) commissos habeatis et illos doctrina vitam humanissimam nutriatis et mihi uti mancipio praecipiatis ad singula voluntario. Ex Ratispona die XI mensis Maii anno domini *94.*

    A Mathaeo post exactissimam diligentiam
      alia habere nequivi
    Musae meae ammodo cum puellis non procedunt
      Alia est vobis visa quare etc.
    [Celtic. cod. epistol. lib. IV. ep. 4. Fol. 33.]

VIII.

Jo. Trithemius abbas Spanheimensis doctissimo Conrado Celti poetae laureato in Gymnasio Ingolstad. ordinarie legenti amico sibi quam charissimo. Ex Frankfordia.

S. D. Literas tuas, Celtis amantissime, Frankfordiae nimium occupatus suscepi, quibus vel paucis respondere vix potui. Inprimis itaque vellem tua opera consequi *volumina graeca*, quotquot inveniri

possunt, quae legaliter solvere paratus sum, quemadmodum latori praesentium dedi in commissis. Dominus Wormatiensis dedit mihi grae-
cum psalterium. Et ego interea *multa et varia graeca conscripsi.*
Et videor mihi non parum mea arte profecisse ex instructione *Johannis Reuchlin,* qui circa festum omnium sanctorum aliquamdiu mecum
fuit in domo nostra Druidum Spanhamensi. *Rosvidam necdum rescripsi: locutus sum cum magistro Amorbachio,* qui propediem *ad
vos venturus est, ut poetas omnes imprimat.* Tum videbis et iucun-
dabere. De pecuniis tibi per me creditis nihil solliciteris: tuus sum
et ego totus et mea omnia. Rogo, quatenus in canicularibus ad me de-
scendas: ego deo largiente de viatico tibi copiose providebo. Non
offendes me degenerem neque avaritiae facibus ardentem. Philosophus
esse constitui, et de peritis divitiis non curare. Antistes *Worma-
ciensis* bene valet. Palatino charus et nequidquam de curia ejectus,
ut rumor falso dispersus apud vos diffamavit. Fuit cum rege aliquamdiu in causis eccelsiae suae contra cives Wormacienses, qui
contra eius privilegia non sustinenda attemptarunt, jam etiam Wor-
matiae est cum multis principibus, nescio quid agant. Sciemus autem
postea. Aliquis quidam Joannes de Drade miles, Marschalcus Palatini,
eiectus est, quia per Abbatem Wissenburgensem exconcitatus satis
durum se promittit ordini. Et forsan huius rei fama ad vos pervenit.
Theodoricus noster Gresmundus ante duos menses clam fugiens
patrem ad me confugit, petens se fieri monachum. Ego non facile as-
sentire volens, distuli. Interea literis et nuntiis, patris mutato proposito, recessit a nobis denuo ad sua: ἡ αἰτια ἐχει το μυστηριον: famulam
domus gravidam reddidit: hinc territus patris faciem declinavit ad
tempus. Sed jam domi est et credo patrem latere mysterium, quamquam res per totam Maguntiam sit divulgata et vario suspicio feratur.
Pater autem Theodorici me suspectum habens tanquam filii seduc-
torem inimicum se omnium monachorum ostendit. Sed nihil eum ad-
verto. *Jacobus V.* [i. e. Wimpheling] *Sletstatius* praedicatoris officium
Spiris agit. Rutgerus noster Sycamber te salutat et dedit literas, quas
domi sum oblitus. Mitto tibi quaedam nostrae officinae opuscula nuper
impressa sicut petisti. Missurus alia quam primum potero. Spero tamen te interea ad nos venturum. Quod ut fiat te oro atque rogo. *Ca-
thalogum de illustribus viris Germaniae,* quem dudum ad instantiam
Jacobi Wimphelingi edideram, brevi sum impressurae daturus. In
quo multos addidi, qui in maiori volumine non habentur. *Joannes*

Vigilius noster nobiscum est in hospitio. Monui, ut scriberet. Nimium se occupatum dicit. Unde his nostris te opido salutat. Haec habui, quae tibi in tantis occupationibus rescriberem: sed tu parce rusticitati meae et vale memor mei: eumque me esse erga te certissimo scias, qui in te amando cessurus sum nemini. Raptissime ex Franckfordia. 3. Idus Aprilis anno domini *95*.

[Celtic. cod. epist. lib. V. ep. 4. Fol. 43.]

IX.

Matthaeus (Pappenheim) imperialis aulae marscalcus Conrado Celti.

Commendatione praemissa, excellentissime vir fautorque dilecte. Transmitto hic quaedam scripta solatii causa, affectorque intime adventum vestrae humanitatis, ut aliquos *vetustos codices videre et ut intendebamus indagare possimus. In quibus sicuti pollicitus sum vos fideliter juvabo.* Praeterea vir humanissime *vobis dudum significare volui*: sc. *tradidi oblivioni secretum illud*, quod insignis Pater *Abbas Trittemius Sponhaim. vobis bona fide insinuavit.* Id gloriatur dominus *Ladislaus presbyter* occulte venditasse et per monachum quendam latenter abstulisse. Ea dicam, ne praefatus Ladislaus vos praeveniat apud regiam majestatem, volo vos habere avisatum. Ceteris nihil praeterquam latorem praesentium vobis commendatum habere: necnon ea quae ipse vobis significabit mihi mittere, aut vos ipse personaliter comparere velitis, plurimum rogo. Valete feliciter. Ex castro N. III Kalend. Octobris 1503.

[Celtic. cod. epist. lib. XIII. ep. 3. Fol. 148.]

X.

Jodocus de Smalkaldia frater Conrado Celti.

Salve virorum praecellentissime, ornamentum decusque Germaniae. Capto quidem signo tuae humanitatis et singularis erga me benivolentiae, de quo immensas refero grates, et crede mihi quod ultra quam dicere queo me recreat atque delectat hic *Rosuitae codicellus et ob hanc praecipue causam, quod meae singularissimae electaeque sponsae Agnetis in suis meminit carminibus.* Hinc mihi proposui multis te obruere literis: putabam enimvero baiulum diutius fore mansurum quam fecit praesentium literarum, si ergo plura

scribere jam me prohibet temporis incommoditas. Haec pauca tamen
tuam humanitatem latere nolo, imprimis quod me tantum tuae dis-
cretioni commendo: offero et dedo sumque tuus atque ero, demum
mecum dum eras praesens et absens, praesens persona absens ficto
sermone, quaecunque tunc dixi vera sunt et plura de magnificentia
tua penes me recondita sunt quam dixi non quidem, quae tibi in
vituperium sed in laudem maximam cedunt. Sed unum te fratrem
(singularissime mi fautor) admoneo et exhortor, quantus praeclaris-
simum tuum studium atque immensum (ut ita dicam) scientiarum thesaurus, quem penes te tota nostra Germania repositum, clamat, per
illum quidem, in quo omnes thesauri scientiae reconditi sunt, in
usum honestum sanctum utilitatemque fidei et ecclesiae convertere
velis: habebis me tuum fratrem qui ad hoc te suis (si deus dederit
unquam) orationibus juvabat. Fac ita iterum precor ut te exhortor, ut
et ita de tua charitate experiar. Postremo hanc tuam quam ulteriorem
mihi proposueras quaestionem solvo videlicet quid dicere vellet, quod
semper appodicticam loquendo tibi manum cordi sunt aut pectori
haberem. Consuetudo mihi est, ut cum ex corde loquor, ex quadam
inadvertentia manu illud designo. Et crede mihi, quod oculi corporis
et mentis in te fixi erant. Videbatur mihi quidem, quod tu ipse Conradus Celtes esse deberes tuis propriis ex verbis, sed omnino certus
non eram. Et si mente tenes, dixi si vos ipse Celtis essetis vestram
doctrinam apud omnes non commendare plenius quidem te notavi,
cum valedicendo mihi dicebas valete et sitis amicus Celtis. Timeo
etiam, fautor peroptime, quod forte mihi ob id indignaris, quod ad
librariam te non duxerim, sed crede mihi aliter non esse quam tibi
dixi: commisit tamen mihi jam Vicarius et Prior loci, ut quaeram et
si quid antiquitatis invenero, ejus jussu non erit tibi celatum. Vale
felix. Ex Brunna raptim anno 1504 Augusti 22.

[Celtic. cod. epist. lib. XIV. ep. 9 Fol. 156].

www.ingramcontent.com/pod-product-compliance
Lightning Source LLC
Chambersburg PA
CBHW022155020726
47496CB00008B/2721